现代企业财务管理与管理会计的融合发展

杨启浩 张 菊 李彩静◎著

吉林科学技术出版社

图书在版编目（CIP）数据

现代企业财务管理与管理会计的融合发展 / 杨启浩，
张菊，李彩静著. -- 长春 ：吉林科学技术出版社，
2021.6
 ISBN 978-7-5578-8123-8

Ⅰ．①现… Ⅱ．①杨… ②张… ③李… Ⅲ．①企业管
理－财务管理－关系－管理会计－发展－研究 Ⅳ.
①F275

中国版本图书馆 CIP 数据核字(2021)第 103030 号

现代企业财务管理与管理会计的融合发展

著　　　　杨启浩　张　菊　李彩静
出 版 人　宛　霞
责任编辑　李永百
封面设计　金熙腾达
制　　版　金熙腾达
幅面尺寸　185mm×260mm　1/16
字　　数　220 千字
印　　数　1-1500册
印　　张　11.375
版　　次　2021 年 6 月第 1 版
印　　次　2022 年 5 月第 2 次印刷
出　　版　吉林科学技术出版社
发　　行　吉林科学技术出版社
地　　址　长春市净月区福祉大路 5788 号
邮　　编　130118
发行部电话/传真 0431-81629529　81629530　81629531
　　　　　　　　　 81629532　81629533　81629534

储运部电话 0431-86059116

编辑部电话 0431-81629518

印　　刷　保定市铭泰达印刷有限公司

书　　号　ISBN 978-7-5578-8123-8
定　　价　46.00 元

前　言

　　财务会计和管理会计这两个概念的出现和分化，是社会经济发展到一定阶段的产物，二者其实同样是从原始的会计活动中派生出来的分支，是原始会计活动的一部分职能在外延和功能上的扩大，具有同样的起源，同为企业管理活动的一部分，是会计管理的一种技术分工，它们本质同一，职能上互相耦合，最终目标都是维护企业内外部利益相关者的合法权益，提高经济效益。而从现实角度来看，管理会计和财务会计在企业实践中从来就不是两个相互孤立的系统，而是在企业经营的各个环节都有着密切而不可分割的联系。

　　基于此，笔者撰写《现代企业财务管理与管理会计的融合发展》一书，全书在内容安排上共设置六章：第一章是企业财务会计概述，主要包括企业财务会计性质与作用、企业财务会计前提与要素、企业会计信息质量要求；第二章和第三章对企业财务会计管理内容进行研究，内容涉及货币资金、应收与预付款项、存货、固定资产与无形资产、流动负债与非流动负债、所有者权益、收入、费用与利润、财务报表与资产负债表日后事项、会计变更与差错更正；第四章探讨企业管理会计内涵与管理会计基本理论；第五章解析企业管理会计，内容涵盖变动成本法、本量利分析、经营预测与经营决策、存货决策与投资决策、标准成本法、预算管理与业绩考核；第六章探索企业财务会计与管理会计的融合发展，内容涉及财务会计与管理会计的区别与联系、财务会计与管理会计融合的理论基础、财务会计与管理会计融合实践、财务会计与管理会计的融合与全面预算管理、财务会计与管理会计在企业管理中融合的实现。

　　与同类著作相比，本书观点新颖，资料翔实，内容丰富，用科学严谨的语言比较全面地论述现代企业会计的工作内容，充分地反映了现代企业会计工作新进展，以使读者对现代先进的会计理论与方法有全面、系统的了解。本书既是对现代企业财务会计工作与现代企业管理会计工作实践的总结，也是对企业财务会计与管理会计融合发展的探索。

　　笔者在撰写本书的过程中，得到了许多专家学者的帮助和指导，在此表示诚挚的谢意。由于笔者水平有限，加之时间仓促，书中所涉及的内容难免有疏漏之处，希望各位读者多提宝贵意见，以便笔者进一步修改，使之更加完善。

作　者

2020 年 11 月

目 录

第一章　企业财务会计概述 ……………………………………… 1

　　第一节　企业财务会计性质与作用 ………………………………… 1

　　第二节　企业财务会计前提与要素 ………………………………… 6

　　第三节　企业会计信息质量要求 …………………………………… 17

第二章　企业财务会计管理（一） …………………………… 21

　　第一节　货币资金 …………………………………………………… 21

　　第二节　应收与预付款项 …………………………………………… 29

　　第三节　存货 ………………………………………………………… 33

　　第四节　固定资产与无形资产 ……………………………………… 44

　　第五节　流动负债与非流动负债 …………………………………… 50

第三章　企业财务会计管理（二） …………………………… 60

　　第一节　所有者权益 ………………………………………………… 60

　　第二节　收入、费用与利润 ………………………………………… 67

　　第三节　财务报表与资产负债表日后事项 ………………………… 80

　　第四节　会计变更与差错更正 ……………………………………… 92

第四章　企业管理会计概述 …………………………………… 98

　　第一节　管理会计内涵 ……………………………………………… 98

　　第二节　管理会计基本理论 ………………………………………… 100

第五章　企业管理会计基础 ································ 105

第一节　变动成本法 ································ 105

第二节　本量利分析 ································ 111

第三节　经营预测与经营决策 ································ 116

第四节　存货决策与投资决策 ································ 132

第五节　标准成本法 ································ 142

第六节　预算管理与业绩考核 ································ 146

第六章　企业财务会计与管理会计的融合发展 ················ 163

第一节　财务会计与管理会计的区别与联系 ················ 163

第二节　财务会计与管理会计融合的理论基础 ················ 164

第三节　财务会计与管理会计融合实践 ················ 168

第四节　财务会计与管理会计的融合与全面预算管理 ················ 171

第五节　财务会计与管理会计在企业管理中融合的实现 ················ 173

参考文献 ································ 175

第一章 企业财务会计概述

第一节 企业财务会计性质与作用

一、企业财务会计性质

现代企业会计可以划分为财务会计与管理会计两大分支。在管理会计产生之前，企业会计的全部就是我们现在所说的财务会计。也就是说，财务会计就是传统的企业会计。企业会计从其产生起，就是为企业管理服务的，是为了实现企业的经营管理目标服务的。企业会计是企业管理的一项重要职能。

现代企业的规模日趋扩展，企业组织形式呈现多样化。特别是股份公司的产生与发展对企业会计产生了巨大影响。经营权与所有权的分离是现代公司的基本特征，在两权分离的情况下，公司股东有权了解公司的财务状况、经营成果和现金流量情况，而公司管理层有义务向股东报告其履行受托责任的情况。于是，对外提供财务报告成为公司财务会计的一项职能。可见，对外提供财务报告是企业会计发展到一定阶段的产物，是企业财务会计的衍生职能。现代企业财务会计的目标可以分为两个方面：主要目标是服务于企业内部管理，次要目标是对外提供财务报告。

由于企业财务会计发挥作用的主要形式是为企业管理和企业外部使用者提供有用的会计信息，因此，要做好财务会计工作，实现财务会计的目标，就需要明确企业会计为谁提供和怎样提供信息的问题。为此，首先应明确有关方面对企业会计信息的需求。

（一）企业会计信息的需求

对企业会计信息的需求，来自企业内部与外部两个方面。

1. 企业内部管理对会计信息的需求

企业要实现经营目标，就必须对经营过程中所遇到的重大问题进行正确的决策。企业决策的正确与否，关系到企业的兴衰成败。而正确的企业决策必须以客观的、有用的数据和资料为依据，会计信息在企业决策中起着极其重要的作用。企业会计要采用一定的程序和方法，将大量的经济数据转化为有用的会计信息，为企业管理决策提供依据。

2. 企业外部对会计信息的需求

企业的会计信息不仅为内部管理所需要，还为外部有关决策者所需要。因为企业不是孤立存在的，它必然要与外界发生各种各样的联系，进行信息交流。例如，企业的投资者、债权人、政府管理部门等，需要利用会计信息进行有关的经济决策。具体来说，在市场经济条件下，至少有以下五个方面的关系人需要利用会计信息进行决策。

（1）企业的所有者。在经营权与所有权相分离的情况下，企业所有者需要利用会计信息进行重要决策，例如：①是否应该对企业投入更多的资金；②是否应该转让在企业中的投资（如出售股份）；③企业管理层是否实现了企业目标；④企业的经营成果如何；⑤企业的利润分配政策（如股利政策）如何。对于潜在的投资者来说，主要依赖会计信息做出是否参加企业投资的决策，如决定是否购买某家公司的股票。

（2）企业的债权人。贷给企业资金者，即成为企业的债权人。债权人主要关心企业是否能够按期还本付息，即了解企业的偿债能力，以便做出有关决策。具体而言，债权人需要的信息是：①企业的财力是否充裕，是否足以偿还其债务；②企业的获利情况如何；③是否应该贷给企业更多的资金；④是否应该继续保持对企业的债权（如是否转让公司的债券）。对于潜在的债权人来说，需要依靠会计信息做出是否贷给企业资金的决策。

（3）政府部门。有关政府部门（如税务机关），要通过会计信息了解企业承担义务的情况。例如：①企业缴纳所得税和其他税金的情况；②企业是否遵守有关的法律规定；③企业向各级政府的法定机构提供的各种报告是否正确。对国有企业来说，企业还有义务向有关政府管理部门提供宏观调控所需要的会计信息。

（4）职工与工会。企业的职工与工会主要关心这些问题：①企业是否按正确的方向开展经营，为其职工提供稳定持久的工作岗位；②企业的福利待遇有何变动；③企业的获利情况如何；利润增加时，企业是否能支付较高的工资与奖金。

（5）企业的顾客。企业的顾客虽然不参与企业资源的配置，但在许多方面与企业存在着利益关系。顾客主要关心这些问题：①企业的财力是否充裕，是否足以保证长期供应顾客所需要的商品；②是否应该从该企业购买更多的商品；③企业的经营行为和政策是否与顾客的目的相矛盾。

企业内部管理和企业外部有关方面都需要利用会计信息进行经济决策。在明确了对会计信息的需求之后，还要进一步分析企业会计能够提供和实际提供了什么会计信息，并按照企业会计实际提供信息的对象与种类，对企业会计进行适当分类。

（二）企业会计的特点

现代企业会计可以分为财务会计与管理会计两个分支。财务会计是运用填制与审核凭证、登记账簿、计算成本和编制报表等专门方法，着重对企业已经发生的交易和其他经济事项进行反映和控制的一种管理活动。

企业财务会计的主要特点包含以下五点：

1. 从直接的服务对象来看，财务会计除了直接服务于企业内部管理之外，还要以财务报告的形式为企业外部有关方面提供会计信息。

2. 从提供信息的时态来看，财务会计主要提供有关企业过去和现在的经济活动情况及其结果的会计信息。

3. 从提供信息的跨度来看，财务会计主要定期反映企业作为一个整体的财务状况、经营成果以及现金流量情况。

4. 从工作程序的约束依据来看，财务会计要受外在统一的会计规范（如会计准则）的约束。

5. 从会计程序与方法来看，财务会计有一套比较科学、统一、定型的会计处理程序与方法，如填制凭证、登记账簿、编制报表等。

（三）经济环境对企业财务会计的影响

服务于企业内部管理是包括财务会计在内的企业会计的根本目的。对外提供会计信息是现代企业财务会计的衍生职能。企业财务会计对外提供信息的数量与质量，取决于外界的需要、企业提供会计信息的能力以及企业是否愿意提供或必须提供。首先，企业外部对会计信息的需要是重要的决定因素，外界不需要的信息，企业便没有必要也不会提供；其次，外界所需要的信息，企业会计不一定都有能力提供；最后，外界需要而且企业有能力提供的会计信息，不一定都是企业愿意或必须提供的信息。

企业以财务报告的形式对外提供会计信息。外界对会计信息的需要、企业提供会计信息的能力以及企业的意愿或外界的约束，这三项因素决定了企业财务报告的目标。而影响与制约财务报告目标的各项因素本身是变化的，因而企业财务报告的目标也会随之发生变化。决定财务报告目标的各项因素受社会、政治、经济、法律和文化等环境因素的影响，而其中经济因素的影响最为明显。一定时期的财务报告目标和会计实践是与特定的经济环境相适应的。经济环境对于决定财务报告目标的以下三个因素均有重要影响。

1. 经济环境影响会计信息需求

国家的经济发展状况、经济管理体制以及企业的规模与组织形式等，都会影响会计信息的需求。

许多企业是以家庭式的小型企业开始其经营生涯的，这种企业的所有者常常就是管理者。他们非常熟悉企业的日常业务活动，对决策所需信息的要求也比较明确。企业财务会计报告所包括的正式信息，常常只是证实而不是增加他们对企业经营情况的了解，或者只是对他们平常所掌握信息的综合与概括。此外，这种企业的外部利害关系人相对来说比较少，一般只限于贷款人、供应商和税务机关等。而且这些利害关系人中的大多数常常与企业保持着比较密切的关系，因而比较熟悉企业的经营情况。在这种情况下，这些外部利害关系人对企业会计信息的需求，如同企业所有者兼管理者一样，其主要目的在于验证对企业了解的正确性。

随着企业规模的不断扩大和业务量的逐渐增加，企业所有者和外部利害关系人逐渐脱离了企业的经营活动，常常聘请适当的人来负责过去由他们亲自从事的管理工作，企业的所有权与经营权分离，产生了公司这种企业组织形式。公司的股东作为所有者极少涉足企业的经营活动，对企业经营活动的详细了解自然就会减少，只能越来越多地依靠专业管理人员。特别是那些股票公开上市的大公司，大多数股东与公司的日常管理完全分离，对企业经营活动的了解更为有限，也就更多地依赖管理部门提供的信息，如企业年度财务会计报告（也称财务报告）中的会计信息。这种公司的其他外部利害关系人，由于远离企业的经营活动，也只能通过公司的财务会计报告获得有关信息。可见，随着家庭式的小型企业发展为大型的股份公司，有关方面对会计信息的需求也逐渐发生变化。

企业的规模大小、组织形式与会计信息的需求之间存在着紧密联系。企业规模越大，采用经营权与所有权相分离的组织形式的可能性也越大，企业所有者、其他与企业有利害关系的人与企业的经营活动相脱离的可能性也越大，对企业会计信息的依赖程度也就越大。因此，为了帮助与企业有利害关系的各方了解企业的财务状况、经营成果及现金流量情况，有必要定期提供企业的财务会计报告。这些财务会计报告使用者利用会计信息的根本目的在于提高决策质量，因此要确保财务会计报告信息的可靠性与可信性。

由于财务会计报告的使用者一般不会亲自处理会计信息，对企业经营情况了解甚少，因而无法证实财务会计报告信息的可靠程度。而企业管理者既要对经济资源的使用效果负责，又要提供反映企业经济资源使用效果的信息，难以确保会计信息的客观性。因此，为了保证会计信息质量，保护财务会计报告使用者的利益，需要建立一套财务会计报告的规范要求，以约束企业的会计确认、计量与报告，会计准则便应运而生。可见，经济环境不仅影响企业会计信息的内容与数量，而且影响所需信息的质量。

2. 经济环境影响会计程序和方法

经济环境不仅影响有关方面对企业会计信息的需求，而且影响企业会计提供信息的能力。这主要表现在企业会计的程序与方法随着经济的发展而发展。

在经济不发达、生产力水平低下时期，企业的经济业务简单，有关方面对会计信息的要求也不高，因此，企业会计只需采用简单的会计程序与方法就能满足会计信息使用者的需要。随着经济的发展，经济活动越来越复杂，要求企业会计采用新的方法提供更为有用的信息。例如，产业革命促进了折旧会计的产生以及成本会计的发展。在产业革命之前，固定资产的投资与工资、原材料费用相比是微不足道的，因此，固定资产的成本是否以折旧的方式分摊到各个受益的会计期间对于盈亏的确定没有多大影响。产业革命之后，固定资产投资迅速增长，为了正确计算盈亏，就要求将固定资产的成本合理地分摊到各个受益期间，关于固定资产折旧的会计处理程序与方法便应运而生。

就财务会计报告的方法来说，现金流量表显然是由于企业经营环境复杂化，投资与筹资活动多元化，有关方面为了进行正确的经营决策需要了解企业的现金流动情况而产生的。

此外，会计工作的手段也是随着生产力的发展而变化的。例如，从手工记账发展到运用电子计算机进行会计处理，便体现了经济环境对会计程序与方法的巨大影响。

3. 经济环境影响企业提供会计信息的意愿

经济环境不但影响企业会计信息的需求和企业提供会计信息的能力，而且影响企业提供会计信息的意愿。例如，在我国过去高度集中的计划经济体制下，企业对外提供会计报表主要是例行公事、完成任务，基本上是一种消极被动的行为。而在经济体制改革之后，企业的自主经营权扩大，筹资渠道多元化，企业为了自身的经济利益（如为了筹集所需资金），往往更愿意对外提供有关会计信息。

就企业对外财务会计报告来说，所提供的信息关系到财务会计报告使用者对企业的评价，而且往往涉及企业及其利益相关者的利益、决策等，因而需要有统一的规范。当前，国际上通用的规范是企业会计准则或财务报告准则。在目前的经济环境下，企业财务会计报告的目标是：向财务会计报告使用者提供与企业财务状况、经营成果和现金流量等有关的会计信息，反映企业管理层受托责任履行情况，有助于财务会计报告使用者做出经济决策。财务会计报告使用者包括投资者、债权人、政府及其有关部门和社会公众等。

需要指出的是，以上只是着重说明了经济环境对会计目标的影响。实际上，企业财务会计在实现其目标的过程中，会通过它所提供的会计信息反过来影响经济环境。

二、企业会计的作用

第一，财务会计有助于提供决策有用的信息，提高企业透明度，规范企业行为。企业财务会计通过其反映职能。提供有关企业财务状况、经营成果和现金流量方面的信息，是包括投资者和债权人在内的各方面进行决策的依据。

第二，财务会计有助于企业加强经营管理，提高经济效益，促进企业可持续发展；企业经营管理水平的高低直接影响着企业的经济效益、经营成果、竞争能力和发展前景，在一定程度上决定着企业的前途和命运。

第三，财务会计有助于考核企业管理层经济责任的履行情况。企业接受了包括国家在内的所有投资者和债权人的投资，就有责任按照其预定的发展目标和要求，合理利用资源，加强经营管理，提高经济效益，接受考核和评价。

第二节　企业财务会计前提与要素

一、企业财务会计的前提

财务会计的基本前提，也称为财务会计的基本假设，它是指组织和开展财务会计工作必须具备的前提条件，或者说必须首先明确和解决的基本问题。不具备这些条件，不明确和解决这些基本问题，就不能有效地开展财务会计工作。财务会计的基本前提也是财务会计的理论基础，离开这些前提条件，就不能构建财务会计的理论体系。财务会计的基本前提是从会计实践中抽象出来的，其最终目的是保证会计信息的有用性。

财务会计的基本前提应包括哪些内容，人们在认识上还不完全一致。通常认为包含会计主体、持续经营、会计期间、货币计量与权责发生制五项。

（一）会计主体

会计主体指会计为之服务的特定单位。要开展会计工作，应先明确认定会计主体，也就是要明确会计人员的立足点（立场），解决为谁记账、算账、报账的问题。简单地说，明确会计主体，就是要明确"记谁的账，编谁的表"；否则，就只能是胡乱记账、盲目编表。

会计人员只为特定的会计主体进行会计工作。每一会计主体不仅与其他会计主体相区别，而且独立于其本身的所有者。也就是说，会计所反映的是一个特定会计主体的经济业务，而不是其他会计主体的经济业务，也不是企业所有者的财务活动。明确会计主体就是要求会计人员明白，他们所从事的会计工作是一个特定主体的会计工作，而不是其他会计主体或企业所有者的会计工作，他们必须站在这个特定会计主体的立场上来开展会计工作。

从理论上说，会计主体的规模并无统一的标准，可大可小。它可以是一个独立核算的经济实体，一个独立的法律个体；也可以是不进行独立核算的内部单位、班组，一个非法律个体。但是，从财务会计的角度来看，会计主体应是一个独立核算的经济实体，特别是需要单独反映财务状况与经营成果、编制独立的财务会计报告的实体。

会计主体可以分为记账主体和报告主体。一般情况下记账主体与报告主体是一致的，但在将母公司和其子公司组成的企业集团作为报告主体编制合并财务报表的情况下，二者就不一致。这样的企业集团只是一个报告主体，而不是一个独立的记账主体。

（二）持续经营

在明确认定会计主体之后，接着要准确判断主体状况。具体来讲，要判断企业是否处于持续经营的状况，以便据以确定会计核算的基础。

持续经营指作为会计主体的企业，其经营活动将按照既定的目标持续下去，在可以预见的将来，不会面临破产、进行清算。这是绝大多数企业所处的正常状况，其所有资产将按照预定的目标在正常的经营过程中被耗用或出售，它所承担的债务也将如期偿还。对于处在持续经营状况的企业，在进行会计确认、计量、记录和报告时，要采用非清算基础，要着眼于企业的可持续发展。财务会计的一系列方法都是以会计主体持续经营为前提的。例如，只有在持续经营的前提下，企业的资产才能按历史成本计价，固定资产才可以按其使用年限计提折旧。

对于处在非持续经营状况的企业，则要采用清算基础，着眼于清算资产和清算损益的核算。如果企业不具备持续经营的前提条件，而是已经或即将停止营业、进行清算，则需要处理其全部资产，清理其全部债权债务。在这种情况下，会计处理要采用清算基础。

（三）会计期间

对于持续经营的企业来说，既然在可以预见的将来不会面临停业清算，企业就不能等到其经营活动结束时才进行结算和编制财务会计报告。为了定期反映企业的财务状况和经营成果，向有关各方提供信息，需要清楚划分会计期间，即人为地把持续不断的生产经营活动划分为较短的经营期间。会计期间通常为一年，称为会计年度。世界各国企业的会计年度起讫日期并不统一。

从理论上讲，将会计年度的起讫点定在企业经营活动的淡季（如果有的话）比较适宜，因为在企业经营活动的淡季，各项会计要素的变化较小，便于对会计要素进行计量，特别是便于计算确定本会计年度的盈亏；而且淡季的经济业务较少，会计人员有较为充裕的时间办理年度结算业务，便于及时编制财务会计报告。西方国家许多企业的会计年度结算日就处于营业活动的淡季。然而，将会计年度的起讫日定在营业活动的淡季也有其局限性，这主要表现在淡季资产负债表所反映的年末财务状况往往缺乏代表性，例如，年末所反映的短期偿债能力有可能比年中其他时间的结果要好。

会计期间分为年度和中期。中期是指短于一个完整的会计年度的报告期间，如季度和月份。

（四）货币计量

财务会计主要提供定量的财务信息或会计信息，因此开展会计工作，会计记账或编表时需要恰当选择计量尺度。会计计量尺度的选择涉及以下三个层次的问题：

第一，在众多计量尺度中选择货币作为主要计量尺度提供会计信息。企业的经济活动多种多样、错综复杂。为了实现会计目的，企业会计必须综合反映企业的各种经济活动，这就要求有一个统一的计量尺度。在商品经济条件下，货币作为一种特殊的商品，最适合充当这种统一的计量尺度。

第二，选择某种具体的货币作为会计本位币。会计本位币是会计记账或编表时作为统一计量尺度的货币。会计本位币以外的货币称为外币。企业在日常经营活动中可能运用多种货币。在这种情况下，必须选择某种货币作为统一计量尺度，否则会计信息的可比性等问题仍然无法解决。在我国，原则上应以人民币作为会计本位币。会计本位币可以分为记账本位币与报告本位币。记账本位币是会计记账时作为统一计量尺度的货币，报告本位币则是会计编表时作为统一计量尺度的货币。在企业的经济业务涉及多种货币的情况下，需要确定一种货币为记账本位币；涉及非记账本位币的业务，需要采用某种汇率折算为记账本位币登记入账。在编制合并财务报表时如果涉及外币财务报表，需要先将以外币反映的财务报表折算为以报告本位币反映的财务报表，然后进行合并。

第三，要选择会计本位币的具体计量尺度是名义会计本位币还是不变会计本位币。以货币作为统一计量尺度，为会计计量提供了方便，同时也带来了问题。货币作为一种特殊的商品，其价值不是固定不变的。为了简化会计计量，也便于会计信息的使用，在币值变动不大的情况下一般不考虑币值的变动。然而，由于世界性的通货膨胀给经济发展带来很大的影响，对于财务会计报告如何反映通货膨胀的影响这种客观要求有逐渐增长的趋势，因此产生了通货膨胀会计。

（五）权责发生制

开展企业财务会计工作，特别是进行会计确认必须正确运用确认基础。会计确认就是解决能否进入会计系统的问题。这里所说的会计系统包括账务系统和报表系统，因此，简单地说，会计确认就是要确定能否入账和能否入表。

现代企业财务会计以权责发生制为确认基础。运用权责发生制是财务会计的一项基本前提。权责发生制也称为应计制，它要求对会计主体在一定期间内发生的各项业务，以是否取得经济权利（是否导致经济利益净流入，最终导致所有者权益增加）、是否承担经济责任（是否导致经济利益净流出，最终导致所有者权益减少）为标准，决定资产、负债、收入（广义）和费用（广义）的确认。权责发生制是会计要素确认的共同基础，但重点是收入（广义）与费用（广义）。对于收入（广义）与费用（广义）的确认而言，权责发生制不以款项是否收到为确认标准。凡符合收入确认标准的本期收入，不论其款项是否收到，均应作为本期收入处理；凡符合费用确认标准的本期费用，不论其款项是否付出，均应作为本期费用处理。反之，凡不符合收入确认标准的款项，即使在本期收到，也不能作为本期收入处理；凡不符合费用确认标准的款项，即使在本期付出，也不能作为本期费用处理。显然，权责发生制所反映的经营成果与现金的收付是不一致的。开展财务会计工作，需要正确运用确认基础。

企业的会计确认、计量和报告应当采用权责发生制。在真实反映企业的财务状况和经营成果方面，权责发生制比收付实现制具有更大的优越性。

总之，要开展财务会计工作，需要明确认定会计主体，准确判断主体状态，清楚划分会计期间，恰当选择计量尺度，正确运用确认基础。

二、企业财务会计的要素

为了实现财务报告的目标，在明确财务会计的基本前提之后，还需要对企业发生的能够以货币计量的经济活动内容进行适当分类。对会计所要反映的经济活动内容的基本分类项目，称为财务会计的基本要素，简称会计要素。对于企业会计信息的外部使用者而言，企业财务会计的最终成果是以会计报告（也称财务会计报告、财务报告）的形式向有关方面提供，而编制财务报告的依据是企业的日常会计资料，这就要求企业财务报告（特别是财务报表）所反映的内容及其基本分类应与日常会计处理保持一致。而日常会计处理对经济活动内容的分类，应该满足编制财务报告的要求。因此，企业财务会计的基本要素既是会计核算内容的具体分类，同时也是作为财务报告核心内容的财务报表的基本构成要素。

由于企业对外提供的财务报表主要有资产负债表、利润表、现金流量表和所有者权益变动表，故财务报表的基本要素可以相应分为资产负债表要素、利润表要素、现金流量表要素和所有者权益变动表要素。由于种种原因，国际会计准则与各国会计准则所规定的报表要素，在数量、名称及定义等方面均有所不同。例如，国际会计准则规定，资产负债表要素为资产、负债与权益；收益表要素为收益与费用。

资产负债表要素包括资产、负债与所有者权益；利润表要素包括收入、费用与利润。现金流量表要素为现金流入与现金流出，但由于现金流量表主要是根据资产负债表与利润表的数据分析填列的，因此，也可以认为现金流量表要素是资产负债表要素与利润表要素的派生或转化形态。

（一）资产要素

1. 企业资产的确认

资产是企业过去的交易或事项形成的、由企业拥有或者控制的、预期会给企业带来经济利益的资源。对于资产的这一定义，需要着重强调以下方面：

（1）资产的内涵是资源。企业的资产只限于资源，非资源不是企业的资产。一个企业的资源就其存在形式来看，既有有形的（如机器设备、存货等），也有无形的（如专利权、商标权等）；既可以是货币形式的（如库存现金、银行存款等），也可以是实物形式的（如房屋建筑物、机器设备等）。强调资产的内涵是资源，并不意味着所有的资源都是企业的资产。

（2）作为资产的资源应该为特定企业现在所拥有或者控制。一项资源是否属于企业的资产，通常要看其所有权是否属于该企业。但企业是否拥有一项资源的所有权，不是确认资产的绝对标准。有些资源虽然其所有权不属于特定企业，但为该企业所实际控制，也是该企业的资产。所谓"实际控制"一项资源，从形式上看，意味着企业对该项资源具有实际经营管理权，能够自主地运用它从事经营活动，谋求经济利益；从实质上看，它意味着企业享有与该项资源的所有权有关的经济利益，并承担相应的风险。例如，企业以融资租赁方式租入的固定资产，尽管其所有权不属于该承租企业，但由于受该承租企业实际控制，因而在会计实务中将其列作该承租企业的资产。总之，一个企业现在不具有所有权或不能实际控制的资源，都不是该企业的资产。

（3）作为资产的资源必须具有能为特定企业带来未来经济利益的服务潜力，即具有有用性的特点。企业现在所拥有或控制的资源，必须能为企业带来未来经济利益，才属于企业的资产。如果一项资源虽然为企业所拥有或实际控制，但不能为企业带来未来经济利益，就不能作为企业的资产予以确认。过去属于企业资产的一项资源，如果由于种种原因不能再为企业带来未来经济利益，就不应再将其列作企业的资产，如报废的机器设备。而原来不能为企业提供经济利益，因而不属于企业资产的某些东西，如果随着技术进步，转化为对企业有用之物，就应将其列作企业现在的资产。

（4）作为资产的资源必须能够用货币进行可靠计量。在会计核算中常常要进行估计，但对一个项目如果无法做出合理估计，就不应将其列作企业的资产。例如，某一诉讼案件将会带来的赔款收入，如果不能可靠地计量赔款的金额，就不能将其确认为资产。

2. 企业资产的分类

任何企业要进行正常的经营活动，都必须拥有一定数量和结构的资产。为了正确反映企业的财务状况，通常将企业的全部资产按其流动性划分为流动资产与非流动资产两大类。流动资产是指那些可以合理地预期将在一年内转换为现金或被销售、耗用的资产，主要包括货币资金、应收票据、应收账款和存货等。除流动资产以外的所有其他资产统称为非流动资产，包括债权投资、其他债权投资、长期股权投资、固定资产、无形资产等。

3. 企业资产的计价

企业财务会计要正确反映企业各项资产的增减变动及其结存情况，就要求对企业在一定时期内增加与减少的资产以及期末结存的资产进行正确计价。因此，会计上对企业资产的计价包括三个方面的内容：第一，资产增加时，确定按何种金额入账，即要确定资产的入账金额；第二，资产减少时，确定按何种金额从账面上减记资产；第三，会计期末编制财务会计报告时，确定结存资产的金额，即确定在资产负债表上按何种金额列示各项资产。资产计价的一般原则如下：

（1）资产的入账价值。长期以来，会计上奉行资产入账按实际（历史）成本计价的原则。即所有资产都应按其取得成本入账，理由为：①资产的取得成本具有客观性。资产的取得成本一般是通过市场交易确定的，是市场上客观存在的成交价格；资产的取得成本一般有相应的原始凭证作为依据，因而可以验证；②资产的取得成本具有较强的可操作性。从实务的观点来看，资产的成本数据易于取得，便于进行会计处理，因而具有较强的可操作性；③资产的取得成本比较接近资产在取得时的价值。在正常情况下，成本总是资产在取得时价值的可靠标志。

（2）资产减少与期末结存的计价。上述说明了资产取得时应以其取得成本作为入账价值，理由之一是，成本比较接近取得资产时的资产价值。但随着时间的推移，资产的账面价值与其实际价值或重置成本（新的取得成本）之间可能会出现较大的差异。现代会计越来越重视资产的正确计价。企业持有的各项资产如果发生减值，一般应按规定计提相应的减值准备。在资产负债表上，各项资产往往分别按历史成本、可变现净值、现值或公允价值等属性计价。

（二）负债要素

负债是企业权益的重要组成部分。要全面反映企业的财务状况，就必须在正确核算企业资产的同时重视企业负债的核算。

1. 企业负债的特点

负债是企业过去的交易或事项形成的、预期会导致经济利益流出企业的现时义务。基于负债的这一定义，需要强调负债的以下三项基本特征：

（1）负债是现时存在的、由过去的经济业务所产生的经济责任。未来经济业务可能产生的经济负担不是会计上的负债。例如，企业管理部门决定以后购买资产，这项决定的实施属于未来的经济业务，其本身并不产生现时义务，因而不属于企业现在的负债。

（2）负债是能够用货币确切计量或合理估计的经济责任。负债通常有一个可确定的到期偿付金额，或者虽无确切金额，但有一个合理的估计数。反之，如果金额无法确定或估计，就不是会计上的负债。

（3）负债有明确的收款人和偿付日期，或者收款人和偿付日期可以合理地估计确定。反之，如果无法确定或合理估计收款人和偿付日期，就不是会计上的负债。

作为企业现时义务的负债，其结算的方式可以有多种：①支付库存现金和银行存款；②转让除库存现金和银行存款之外的其他资产；③提供劳务；④以其他义务替换该项义务，即以新的负债替换原有的负债，如用应付票据替换应付账款；⑤将该项义务转换为所有者权益，如将公司的应付债券转换为本公司的股票。此外，企业的负债也可能由于债权人放弃债权等原因而了结。

2. 企业负债的分类

负债按其偿还期长短可分为流动负债与非流动负债。流动负债是指偿还期在一年或长于一年的一个营业周期以内的债务，主要包括短期借款、应付票据、应付账款、应付职工薪酬、应交税费、其他应付款等。非流动负债则是指偿还期在一年或长于一年的一个营业周期以上的债务，主要包括长期借款、应付债券和长期应付款等。

3. 企业负债的计价

为了正确反映企业的财务状况，必须采用适当的方法对负债进行计价。漏记或多记负债项目，或者负债的计价不正确，都会歪曲企业的财务状况。

上述负债的第二个特点虽然强调负债必须有一个确切的或可以合理估计的到期偿付金额，但并没有明确指出负债的计价方法或原则，也就是负债的增加与减少应按何种金额在账面上进行反映，在会计期末编制的资产负债表上又应以何种金额列示负债项目。从实际操作来看，负债的计价至少有两种可供选择的标准：一是未来应予偿付的金额（到期值）；二是未来偿付金额的贴现价值（现值）。从理论上说，所有负债的计价都应采用第二种标准。然而，在会计实务中根据重要性原则，对负债的计价往往根据不同的情况采用不同的标准。由于流动负债的偿还期限较短，现值与到期值（未来偿付金额）非常接近，因此在会计实务中，流动负债通常按它们的到期值进行计价。

4. 企业负债的确认条件

将一项现时义务确认为负债，除应符合负债的定义外，还要同时满足以下两个条件：

第一，与该义务有关的经济利益很可能流出企业。从负债的定义可以看到，预期会导致经济利益流出企业是负债的一个本质特征。在实务中，履行义务所需流出的经济利益带有不确定性，尤其是与推定义务相关的经济利益通常需要依赖于大量的估计。因此，负债的确认应当与经济利益流出的不确定性程度的判断结合起来，如果有确凿证据表明，与现时义务有关的经济利益很可能流出企业，就应当将其作为负债予以确认；反之，如果企业承担了现时义务，但是导致企业经济利益流出的可能性很小，就不符合负债的确认条件，不应将其作为负债予以确认。

第二，未来流出的经济利益的金额能够可靠的计量。负债的确认在考虑经济利益流出企业的同时，对于未来流出的经济利益的金额应当能够可靠计量。对于与法定义务有关的经济利益流出金额，通常可以根据合同或者法律规定的金额予以确定，考虑到经济利益流出的金额通常在未来期间，有时未来期间较长，有关金额的计量需要考虑货币时间价值等因素的影响。对于与推定义务有关的经济利益流出金额，企业应当根据履行相关义务所需支出的最佳估计数进行估计，并综合考虑有关货币时间价值、风险等因素的影响。

（三）所有者权益要素

所有者权益是指企业资产扣除负债后由所有者享有的剩余权益。公司的所有者权益又称为股东权益。所有者权益的来源包括所有者投入的资本、直接计入所有者权益的利得和损失、留存收益等。

直接计入所有者权益的利得和损失，是指不应计入当期损益、会导致所有者权益发生增减变动的、与所有者投入资本或者向所有者分配利润无关的利得或损失。利得是由企业非日常活动所形成的、会导致所有者权益增加的、与所有者投入资本无关的经济利益的流入。损失是由企业非日常活动所形成的、会导致所有者权益减少的、与向所有者分配利润无关的经济利益的流出。

我国现行企业会计准则规定，所有者权益主要包括六个部分：一是实收资本或股本；二是其他权益工具；三是资本公积，包括资本溢价（或股本溢价）和其他资本公积；四是其他综合收益；五是盈余公积，指按国家规定从税后利润中提取的盈余公积金；六是未分配利润。盈余公积与未分配利润可以合称为留存收益。这六个部分应在资产负债表中分项列示。概括而言，所有者权益包括本钱（资本）和利钱（盈余）两大部分，会计上应将两者严格区分，并要提供投资者是谁，投入资本是多少的信息，以明确产权关系。

需要指出的是，企业的所有者权益只是一个整体和抽象意义上的概念，与企业资产保持数量关系，它与企业特定的、具体的资产并无直接关系，它并不与企业任何具体的资产项目发生对应关系。例如，一定数额的所有者权益并不代表相应数额的库存现金或银行存款。虽然企业所有者对企业的投资是具有一定的存在形态的，例如，用现金、实物或无形资产等对企业进行投资，但根据会计主体这一财务会计的基本前提，企业所有者对企业的投资无论采取何种具体形态，它们一旦进入企业，便成为受资企业这个特定会计主体的资产，而不再是企业所有者的资产。特别是当企业有多个所有者的情况下，明确这一点尤为重要。

从数量上看，企业的所有者权益只是某种数学运算的结果，只是一个平衡数，即所有者权益＝资产－负债。可见，企业的所有者权益金额取决于资产和负债的计量。正因为如此，企业的所有者权益基本上不存在专门的计量问题，它一般是通过对相应资产或负债的计量间接得到的。

企业的期末所有者权益金额并不代表、一般也不等于企业净资产的市场价值。如果一个企业的所有者权益总额正好等于分项变卖企业净资产或是将企业作为持续经营实体出售所能筹集的资金总额，那纯属偶然。

企业组织形式主要有个人独资、合伙经营和公司等。不同组织形式的企业虽然在法律和管理等方面存在差别（如对于向企业所有者或其他受益人分配属于所有者权益范围内的资金，不同组织形式的企业所受的限制与约束是不同的），但是关于所有者权益的定义及其他内容，对于各种组织形式的企业都是适用的。

（四）收入要素

企业以获取利润为其主要目的。利润常常用作评价企业经营业绩的指标，它还是计算投资报酬率等许多其他指标的基础。企业要获取利润，就必须取得收入。

1. 收入的范围

广义收入是指会计期间内经济利益的增加。企业获取收入的表现形式是：由于资产流入企业、资产增加或负债减少而引起所有者权益增加。但是，并非所有资产增加或负债减少而引起的所有者权益增加都是企业的收入。例如，企业所有者对企业投资，虽然会导致资产增加或负债减少，并使所有者权益增加，但不属于企业获取收入的经济业务。

狭义收入是指企业在日常活动中形成的、会导致所有者权益增加的、与所有者投入资本无关的经济利益的总流入。其核心内容是营业收入。营业收入是指企业由于销售商品、提供劳务及让渡资产使用权等日常活动所形成的经济利益的总流入。它有各种各样的名称，如销售收入、服务费收入、使用费收入和租金收入等。

2. 企业收入的确认

收入确认的一般标准是：经济利益很可能流入从而导致资产的增加或负债的减少，并且经济利益的流入额能够可靠地用货币加以计量。这就意味着，在确认收入的同时，要确认资产的增加或负债的减少。例如，企业销售商品，确认销售收入增加，同时要确认库存现金、银行存款或应收账款等资产项目的增加；如果现在销售的商品已经预收货款，则在确认销售收入增加的同时，还要确认预收款项这项负债的减少。

（五）费用要素

1. 费用的范围

广义费用是指会计期间内经济利益的减少。企业发生费用的表现形式是：由于资产减少或负债增加而引起所有者权益减少。但是，并非所有资产减少、负债增加而引起的所有者权益减少都意味着企业发生了一项费用。例如，企业所有者撤回投资或向所有者分配利润，虽然会引起资产减少或负债增加，并使所有者权益减少，但不属于企业发生费用的经济业务。

狭义费用是指企业在日常活动中发生的、会导致所有者权益减少的、与向所有者分配利润无关的经济利益的总流出。它主要包括营业成本、税金及附加、销售费用、管理费用、研发费用、财务费用等。

2. 企业费用的确认

费用只有在经济利益很可能流出从而导致企业资产减少或负债增加，且经济利益的流出额能够可靠地用货币加以计量时才能予以确认。这就意味着，在确认费用的同时，要确认资产的减少或负债的增加（如计提固定资产折旧或预提产品保修费用）。

（六）利润要素

利润是企业在一定会计期间的经营成果。企业以获取利润为基本目的，但对利润却有着不同的认识。从理论上说，利润可以定义为企业经营活动所引起的净资产（所有者权益）的增加。所以，严格来说，要正确计算企业经营所获得的利润，需要等到企业停止经营时，清算其全部资产与负债，确定企业从开业到停业的全部经营期间内，由于经营活动所增加的净资产数额。然而，这种方法并不适用。由于企业的存续期间难以预计，无论是从企业内部管理还是从企业外部的需求来看，都不能等到企业停业时才计算盈亏。总之，在企业持续经营的前提下，要适当划分会计期间，按期确定盈亏。

基于此，会计上将利润定义为广义收入与广义费用之间的差额。由于这一定义是以已经完成的取得收入和发生费用的经济业务为基础的，因而比较实用，便于实际操作，能够提供定期报告所需要的详细数据，能够说明利润形成的原因，其计量的结果也比较客观。

如前所述，在日常会计核算中，要随时收集每一项经济业务的详细数据，按照资产、负债和所有者权益的变化来记录每一项经济业务的结果。如果证明某项经济业务实际已经完成，则与此项经济业务有关的资产、负债和所有者权益的变化就予以确认。

由于会计上将利润定义为广义收入与广义费用之间的差额（收入小于费用，则为亏损），必须将企业在该会计期间内所获得的收入与所产生的费用加以抵销。可见，利润的确认与计量，也就是收入与费用的确认与计量。

第三节　企业会计信息质量要求

为了实现财务会计报告目标，保证会计信息质量，必须明确会计信息的质量要求。会计信息的质量要求是财务会计报告所提供信息应达到的基本标准和要求。对于其应包括的内容，人们在认识上还不统一。一般认为，会计信息的质量要求主要包括客观性、相关性、明晰性、可比性、实质重于形式、重要性、谨慎性和及时性。

一、客观性

客观性指企业的会计记录和财务会计报告必须真实、客观地反映企业的经济活动。企业的会计核算应当以实际发生的经济业务为依据，如实反映企业的财务状况和经营成果。

会计信息的客观性主要包括真实性和可靠性两方面含义。

真实性是指会计反映的结果应当同企业实际的财务状况和经营成果相一致。每一项会计记录都要有合法的凭证为依据，不允许弄虚作假。财务会计报告必须如实反映情况，要保证账证、账账、账表和账实之间相互一致。

可靠性是指对于经济业务的记录和报告，应当做到不偏不倚，以客观事实为依据，而不应受主观意志的左右，力求使会计信息可靠。

二、相关性

相关性指会计信息要与信息使用者的经济决策相关联，即人们可以利用会计信息做出有关的经济决策。对会计信息的相关性要求随着企业内外环境的变化而变化。在高度集中的计划经济体制下，企业的会计工作和会计信息主要是为满足国家对企业进行直接管理服务的。随着社会主义市场经济的建立和不断完善，国家对企业的管理逐步由直接管理转向间接管理，主要是利用经济杠杆进行宏观调控。与此相适应，国家对企业会计信息的需求也发生了变化。此外，随着企业筹资渠道的多元化，企业之间的经济联系也迅速增强，会计信息的外部使用者已不再局限于国家，而扩大到其他投资者、债权人等与企业有经济利害关系的群体。同时，随着企业自主权的扩大，会计信息在企业内部经营管理中发挥着更大的作用。因此，在目前情况下，强调会计信息的相关性，就是要求企业会计信息要满足投资者、债权人等利益相关者进行经济决策的需要。

三、明晰性

明晰性，也称为可理解性，指会计记录必须清晰、简明，便于理解和使用。提供会计信息的目的在于帮助有关方面进行经济决策，要运用会计信息就必须理解会计信息的内涵。这就要求会计信息能简单明了地反映企业的财务状况与经营成果，容易为使用者所理解。要在保证会计信息的客观性与相关性的前提下，力求使会计信息简明易懂。当然，要真正发挥会计信息的作用，还需要使用者具备一定的会计专业知识。

四、可比性

可比性是指企业提供的会计信息应当相互可比。具体来说，可比性包括两个方面：一是同一企业不同时期发生的相同或相似的交易或事项，应当采用一致的会计政策，不得随意变更。确需变更的，应当在附注中说明；二是不同企业发生的相同或相似的交易或事项，应当采用规定的会计政策，确保会计信息口径一致，相互可比。

企业会计信息的使用者不但要通过阅读某一会计期间的财务报告掌握企业在一定时期的财务状况与经营成果，而且要能够比较企业不同时期的财务报告，以明确企业财务状况和经营成果的变化趋势。因此，企业提供的财务报告应当具有可比性，即对于同一企业在不同地点和不同时间发生的相同类型的经济业务，应该采用一致的会计处理程序与方法。

在会计核算中，相同的业务往往存在着多种会计处理方法，例如，存货计价方法、固定资产折旧、产品成本的计算方法等，企业可以在会计准则允许的范围内选择运用。但是，为了保证财务报告前后期有关数据的可比性，便于信息使用者做出正确的经济决策，要求企业的各种会计处理方法和财务报告的指标口径、核算内容、编制规则在前后各期保持一致。此外，强化可比性的要求，还可以防止某些企业或个人通过会计处理方法的变动，人为地操纵企业的资产、负债、收入、费用、利润等会计指标，粉饰企业的财务状况和经营成果。

强调可比性并不要求企业采用的会计政策绝对不变。如果原来采用的会计程序和方法已不符合客观性与相关性的要求，企业就不宜继续采用。如果存在更为相关和可靠的会计处理程序与方法，企业不宜保持其会计方法不变。因此，按照可比性的要求，企业不但要揭示其编制财务报告所采用的会计程序与方法，而且在企业确有必要改变原有的会计处理程序与方法时，应当将变更的内容和理由、变更的累积影响数，以及累积影响数不能合理确定的理由等，在会计报表附注中予以说明。

出于比较不同的投资机会等原因，信息使用者还需要能够比较不同企业的财务报告，以评估不同企业相对的财务状况、经营成果和现金流量情况。因此，企业在编制财务报告时，对于相同的经济业务，应当采用相同的会计程序和方法。这就要求，一方面，会计准则要尽量减少企业选择会计政策的余地；另一方面，企业要严格按照会计准则的规定选择会计政策。

五、实质重于形式

实质重于形式指企业应当按照交易或事项的经济实质进行会计确认、计量和报告，而不应仅以交易或事项的法律形式为依据。这是因为，有时候交易或事项的法律形式并不能真实反映其实质内容，因此，为了真实反映企业的财务状况和经营成果，就不能仅仅根据交易或事项的外在表现形式来进行会计确认、计量和报告，而应反映其经济实质。例如，在说明资产的确认时，企业以融资租赁方式租入的固定资产，从法律形式来看，其所有权尚不属于承租企业，但从经济实质来看，该资产受承租企业实际控制，因此应当将其作为承租企业的资产进行核算，否则就不能真实反映该项业务对企业的影响。

六、重要性

重要性指企业提供的会计信息应当反映与企业财务状况、经营成果和现金流量等有关的所有重要交易或事项。企业在保证尽可能全面完整地反映企业的财务状况与经营成果的前提下，要根据一项交易或事项是否会对会计信息使用者的决策产生重大影响来决定对其反映的精确程度，以及是否需要在会计报表上予以单独反映。凡是对会计信息使用者的决策有较大影响的交易或事项，应作为会计确认、计量和报告的重点；对不重要的经济业务则可以采用简化的会计处理程序和方法，也不必在会计报表上详细列示。强调会计信息的重要性质量要求，在很大程度上是出于对会计信息的效用与加工会计信息的成本这两个方面的考虑。如果把企业纷繁复杂的经济活动事无巨细地进行详细记录与报告，不但会提高会计信息的加工成本，而且会使会计信息使用者无法有所侧重或有针对性地选择所需的会计信息，反而不利于做出正确的经济决策。

七、谨慎性

谨慎性也称为稳健性，是指企业对交易或事项进行会计确认、计量和报告应当保持应有的谨慎，不应高估资产或者收益、低估负债或者费用。在对某一会计事项有多种不同的处理方法可供选择时，应尽可能选择一种不导致高估资产或收入的做法，以免损害企业的财务实力，防止会计信息使用者对企业的财务状况与经营成果持盲目乐观的态度。例如，对期末应收账款预计坏账发生、计提坏账准备，对期末存货估价采用成本与可变现净值孰低法等做法，都体现了谨慎性的要求。

八、及时性

和任何其他信息一样，会计信息也具有时效性，其价值会随着时间的流逝而逐渐降低。这就要求企业的会计确认、计量和报告必须满足及时性的要求。具体来说，及时性包括及时记录与及时报告两个方面：及时记录要求对企业的经济业务及时地进行会计处理，本期的经济业务应当在本期内进行处理，不能延至下一个会计期间或提前至上一个会计期间；及时报告是指要把会计资料及时传送出去，将财务报告及时报出，也就是说，财务报告应该在会计期间结束后规定的日期内呈报给有关单位或个人。及时记录与及时报告是紧密联系的两个方面。及时记录是及时报告的前提，只有将会计资料及时记录下来，才有可能及时报告；及时报告是会计信息时效性的重要保证，如果不能及时报告，那么即使会计记录很及时也会使会计信息失去时效性。因此，企业会计应将及时记录与及时报告统一起来。

第二章 企业财务会计管理（一）

第一节 货币资金

货币资金指企业可以立即投入流通，用以购买商品或劳务，或用以偿还债务的交换媒介，是以货币形态表现的资金。

在流动资产中，货币资金的流动性最强，并且是唯一能够直接转化为其他任何资产形态的流动性资产，也是最能够代表企业现时购买力水平的资产。为了确保生产经营活动的正常进行，企业必须拥有一定数量的货币资金，以便购买材料、缴纳税金、发放工资、支付利息及股利或进行投资等。企业所拥有的货币资金量是分析和判断企业偿债能力与支付能力的重要指标。

货币资金一般包括企业存于银行或其他金融机构的存款，以及本票和汇票存款等可以立即支付使用的资金。凡是不能立即支付使用的（如银行冻结存款等），一般不能视为货币资金。就其具体内容看，货币资金一般包括库存现金、银行存款和其他货币资金。

内部控制制度是企业重要的内部管理制度，指处理各种业务活动时，依照分工负责的原则在有关人员之间建立的相互联系、相互制约的管理体系。货币资金的内部控制制度是企业最重要的内部控制制度之一，其主要特征是：要求货币资金收支与记录的岗位分离，收支凭证经过有效复核或核准，收支及时入账且收支分开处理，建立严密的清查和核对制度，做到账实相符，制定严格的现金管理及检查制度，等等。

企业建立货币资金内部控制制度的具体内容因企业的规模大小和货币资金收支量多少而有所不同，但一般应包括五项主要内容：①货币资金收支业务的全过程分工完成、各负其责；②货币资金收支业务的会计处理程序制度化；③货币资金收支业务与会计记账分开处理；④货币资金收入与货币资金支出分开处理；⑤内部稽核人员对货币资金实施制度化的检查。

不同形式的货币资金有不同的管理方式和管理内容，为了适应货币资金管理的需要，一般设置"库存现金""银行存款""其他货币资金"等科目。

"库存现金"科目用来核算企业的库存现金，但不包括企业内部周转使用的备用金。"银行存款"科目用来核算企业存入银行或其他金融机构的各种存款，但不包括企业的外埠存款、银行本票存款和银行汇票存款等。"其他货币资金"科目用来核算企业的外埠存款、银行汇票存款、银行本票存款等。有外币现金或存款的企业，一般还应按币种设置相应的明细账进行明细核算。

一、库存现金

（一）库存现金管理

库存现金指留存于企业、用于日常零星开支的现钞。企业必须加强库存现金的管理。库存现金管理的内容主要包括以下四个方面：

1. 库存现金的使用范围。企业可以使用现金的范围主要包括：①职工工资、津贴；②个人劳动报酬；③根据国家规定颁发给个人的科学技术、文化艺术、体育等各种奖金；④各种劳保、福利费用以及国家规定的对个人的其他支出等；⑤向个人收购农副产品和其他物资的价款；⑥出差人员必须随身携带的差旅费；⑦结算起点以下的零星支出；⑧中国人民银行确定需要支付现金的其他支出。除第⑤⑥项外，单位支付给个人的款项，超过使用限额的部分，应当以支票或者银行本票支付；确需全额支付现金的，经开户银行审核后，予以支付现金。凡是不属于现金结算范围的，应通过银行进行转账结算。

2. 库存现金限额。企业的库存现金限额由其开户银行根据实际需要核定，一般为3~5天的零星开支需要量。边远地区和交通不便地区的企业，库存现金限额可以多于5天，但不能超过15天的日常零星开支量。企业必须严格按规定的限额控制现金结余量。

3. 库存现金日常收支管理。库存现金日常收支管理的内容主要有：

第一，现金收入应于当日送存银行，如当日送存银行确有困难，由银行确定送存时间。

第二，企业可以从库存限额中支付或者从银行提取现金支付，但不得从本单位的现金收入中直接支付（坐支）。因特殊情况需要坐支现金的，应当事先报经开户银行审查批准，由开户银行核定坐支范围和限额。企业应定期向开户银行报送坐支金额和使用情况。

第三，企业从银行提取现金时，应当在取款凭证上写明具体用途，并由财会部门负责人签字盖章，交开户银行审核后方可支取。

第四，因采购地点不固定、交通不便、生产或者市场急需、抢险救灾及其他情况必须使用现金的，企业应当提出申请，经开户银行审核批准后方可支付现金。

（4）库存现金账目管理。企业必须建立健全库存现金账目，除设置库存现金总分类账户对现金进行总分类核算以外，还必须设置库存现金日记账进行库存现金收支的明细核算，逐笔登记现金收入和支出，做到账目日清日结，账款相符。

（二）库存现金的收付和清查

为了详细反映库存现金收支及结存的具体情况，企业除了设置"库存现金"科目对库存现金进行总分类核算以外，还必须设置库存现金日记账进行序时记录。有外币现金的企业，还应按币种进行明细核算。库存现金日记账一般采用三栏式订本账格式，由出纳人员根据审核以后的原始凭证或现金收款凭证、现金付款凭证逐日逐笔序时登记，每日营业终了计算当日现金收入、现金支出及现金结存额，并与库存现金实存数核对相符。月末，库存现金日记账余额应与库存现金总账余额核对一致。

1. 库存现金的收付

企业的库存现金收入主要包括：从银行提取现金；收取不足转账起点的小额销货款；职工交回的多余出差借款；等等。企业收到现金时，应根据审核无误的会计凭证，借记"库存现金"科目，贷记有关科目。

企业的库存现金支出包括现金开支范围以内的各项支出。企业实际支付现金时，应根据审核无误的会计凭证，借记有关科目，贷记"库存现金"科目。

2. 库存现金的清查

为了加强现金管理并确保账实相符，应对库存现金进行清查。库存现金清查包括两部分内容：一是出纳人员每日营业终了进行账款核对；二是清查小组进行定期或不定期盘点和核对。库存现金清查采用账实核对法。

对库存现金实存额进行盘点，必须以现金管理的有关规定为依据，不得以白条抵库，不得超限额保管现金。对库存现金进行账实核对，如发现账实不符，应立即查明原因，及时更正。发生的长款或短款，应查找原因，并按规定进行处理，不得以今日长款弥补他日短款。库存现金清查和核对后，应及时编制现金盘点报告表，列明现金账存额、现金实存额、差异额及其原因，对无法确定原因的差异，应及时报告有关负责人。

库存现金清查中发现的长款或短款，应根据现金盘点报告表进行处理，以确保账实相符，并对长短款做出处理。现金长款、短款一般通过"待处理财产损溢——待处理流动资产损溢"科目进行核算，待查明原因后，再根据不同原因及处理结果，将其转入有关科目。

二、银行存款

（一）银行存款管理

银行存款是企业存入银行或其他金融机构的款项。按照国家有关规定，凡是独立核算的单位都必须在当地银行开设账户。企业在银行开设账户以后，除按规定可以通过现金进行款项收支以外，都应通过银行存款进行收支结算，企业超过限额的现金也必须存入银行。任何单位都必须按规定进行银行存款管理。银行存款管理主要包括银行存款开户管理及结算管理两个方面。

1. 银行存款开户管理

企业开立账户，依其不同的用途可以分为基本存款账户、一般存款账户、专用存款账户和临时存款账户等。

（1）基本存款账户是存款人因办理日常转账结算和现金收付需要开立的银行结算账户。基本存款账户是存款人的主办账户，存款人日常经营活动的资金收付及其工资、奖金和现金的支取，应通过该账户办理。单位银行卡账户的资金必须由其基本存款账户转账存入。

（2）一般存款账户是存款人因借款或其他结算需要，在基本存款账户开户银行以外的银行营业机构开立的银行结算账户。一般存款账户用于办理存款人借款转存、借款归还和其他结算的资金收付，该账户可以办理现金缴存，但不得办理现金支取。

（3）专用存款账户是存款人按照法律、行政法规和规章，对特定用途资金进行专项管理和使用而开立的银行结算账户。专用存款账户用于办理各项专用资金的收付，但不得办理现金收付业务。

（4）临时存款账户是存款人因临时需要而开立的在规定期限内使用的银行结算账户。临时存款账户用于办理临时机构以及存款人临时经营活动发生的资金收付。临时存款账户的有效期最长不得超过2年。临时存款账户支取现金，应按照国家现金管理的规定办理。

2. 银行存款的结算管理

现金开支范围以外的各项款项收付，都必须通过银行办理转账结算，但不同国家和地区以及不同的经济业务，采用的转账结算方式是有差别的。

在我国，企业办理转账结算必须遵守相关各项规定。账户内必须有足够的资金保证支付，必须以合法、有效的票据和结算凭证为依据。不准签发没有资金保证的票据或远期支票套取银行信用；不准签发、取得和转让没有真实交易和债权债务的票据套取银行及他人资金；不准无理由拒付款项而任意占用他人资金；不准违反规定开立和使用账户。必须遵守"恪守信用，履约付款；谁的钱进谁的账，由谁支配；银行不垫款"的支付结算原则。企业应根据业务特点，采用恰当的结算方式办理各种结算业务。

（二）银行结算的方式

在我国，企业发生货币资金收付业务可以采用银行汇票、商业汇票、银行本票、支票、信用卡、汇兑、托收承付、委托收款和信用证等结算方式。企业应按照有关规定办理各项结算业务。

1. 银行汇票。银行汇票是出票银行签发的，由其在见票时按照实际结算金额无条件支付给收款人或者持票人的票据。银行汇票的出票银行为银行汇票的付款人。在我国，单位和个人办理各种款项结算，均可使用银行汇票。银行汇票可以用于转账，填明"现金"字样的银行汇票也可以用于支取现金。银行汇票的提示付款期限自出票日起 1 个月。收款人可以将银行汇票背书转让给被背书人。银行汇票丢失，失票人可以凭人民法院出具的享有票据权利的证明，向出票银行请求付款或退款。

2. 商业汇票。商业汇票是出票人签发的，委托付款人在指定日期无条件支付确定的金额给收款人或者持票人的票据。商业汇票分为商业承兑汇票和银行承兑汇票。商业承兑汇票由银行以外的付款人承兑（付款人为承兑人），银行承兑汇票由银行承兑。在我国，开立存款账户的法人以及其他组织之间必须具有真实的交易关系或债权债务关系，才能使用商业汇票。

符合条件的商业汇票的持票人可持未到期的商业汇票连同贴现凭证向银行申请贴现。贴现银行可持未到期的商业汇票向其他银行转贴现，也可以向中国人民银行申请再贴现。贴现、转贴现和再贴现的期限从其贴现之日起至汇票到期日止。实付贴现金额按票面金额扣除贴现日至汇票到期前一日的利息计算。

3. 银行本票。银行本票是银行签发的，承诺自己在见票时无条件支付确定金额给收款人或者持票人的票据。在我国，单位和个人在同一票据交换区域需要支付各种款项，均可以使用银行本票。银行本票分为不定额本票和定额本票两种。收款人可以将银行本票背书转让给被背书人。

4. 支票。支票是出票人签发的，委托办理支票存款业务的银行在见票时无条件支付确定金额给收款人或持票人的票据。支票上印有"现金"字样的为现金支票，只能用于支取现金。支票上印有"转账"字样的为转账支票，只能用于转账。支票上未印有"现金"或"转账"字样的为普通支票，既可用于支取现金，也可用于转账。在我国，单位和个人在同一票据交换区域的各种款项结算，均可以使用支票。支票的出票人签发支票的金额不得超过付款时在付款人处实有的存款金额，禁止签发空头支票。

5. 汇兑。汇兑是汇款人委托银行将其款项支付给收款人的结算方式。单位和个人的各种款项的结算，均可使用汇兑结算方式。在我国，汇兑分为信汇和电汇两种。信汇是指委托银行通过邮寄方式将款项划给收款人。电汇是指汇款人委托银行通过电报或其他电子方式将款项划给收款人。

6. 托收承付。托收承付是根据购销合同由收款单位发货后委托银行向异地付款人收取款项，由付款人向银行承认付款的结算方式。在我国，使用托收承付结算方式的收款单位和付款单位，必须是国有企业、供销合作社以及经营管理较好并经开户银行审查同意的城乡集体所有制工业企业。办理托收承付结算的款项，必须是商品交易以及因商品交易而产生的劳务供应的款项。代销、寄销、赊销商品的款项，不得办理托收承付结算。

7. 委托收款。委托收款是收款人委托银行向付款人收取款项的结算方式。单位和个人凭已承兑商业汇票、债券、存单等付款人债务证明办理款项的结算，均可以使用委托收款结算方式。委托收款在同城和异地均可以使用。

8. 信用证。信用证是指开证银行应申请人（买方）的要求并按其指示向受益人开立的载有一定金额、在一定期限内凭符合规定的单据付款的书面保证文件。信用证起源于国际贸易结算。在国际贸易中，进口商不愿意先支付货款，出口商也不愿意先交货。在这种情况下，需要两家买卖双方的开户银行作为买卖双方的保证人代为收款交单，实际上是以银行信用代替商业信用。在这种方式下，银行充当了进出口商之间的中间人和保证人，一面收款，一面交单，并代为融通资金。银行在这一活动中所使用的工具就是信用证，由此产生了信用证结算方式。

（三）网络银行支付方式

网络银行，又称网上银行或在线银行，是一种以信息技术和互联网技术为依托，通过互联网平台向用户开展和提供开户、销户、查询、对账、行内转账、跨行转账、信贷、网上证券、投资理财等各种金融服务的新型银行机构与服务形式，为用户提供全方位、全天候、便捷、实时的快捷金融服务系统。网络银行（网银）支付是指在银联在线支付平台通过输入用户名和密码的方式登录到网络银行，并完成支付的方式。

（四）银行存款的收付和核对

为了详细反映银行存款的收付及结存情况，企业除设置"银行存款"科目进行总分类核算外，还必须设置银行存款日记账，按照业务发生顺序逐日逐笔连续记录银行存款的收付，并随时结出余额。银行存款应按银行和其他金融机构的名称和存款种类进行明细核算。有外币存款的企业，还应分别按人民币和外币进行明细核算。银行存款日记账一般由出纳人员根据收付款凭证进行登记，定期与银行存款总账科目核对。月末应与银行对账单进行核对。

1. 银行存款的收付

企业收入银行存款，应根据银行存款送款单回单或银行收账通知及有关单证，及时编制记账凭证，借记"银行存款"科目，贷记有关科目，并经审核无误后，登记银行存款日记账及总账。

企业支付银行存款，应根据支票存根、办理付款结算的付款通知及有关单证，及时编制记账凭证，借记有关科目，贷记"银行存款"科目，并经审核无误后，登记银行存款日记账及总账。

2. 银行存款的核对

企业每月至少应将银行存款日记账与银行对账单核对一次，以检查银行存款收付及结存情况。企业进行账单核对时，往往出现银行存款日记账余额与银行对账单同日余额不符的情况。究其原因主要有三：一是计算错误；二是记账错漏；三是未达账项。

计算错误是企业或银行对银行存款结存额的计算发生运算错误；记账错漏是指企业或银行对存款的收入、支出的错记或漏记；未达账项是指银行和企业对同一笔款项收付业务因记账时间不同而发生的一方已经入账，另一方尚未入账的款项。未达账项不外乎四种情况：①企业已经收款入账，银行尚未收款入账的款项；②企业已经付款入账，银行尚未付款入账的款项；③银行已经收款入账，企业尚未收款入账的款项；④银行已经付款入账，企业尚未付款入账的款项。

银行存款日记账余额与银行对账单余额不符，必须查明原因。在会计实务中，银行存款调节后余额的平衡关系是做出这一判断的主要依据。如果调节后余额一致，表明账户内结存额计算无误。如果调节后余额仍不一致，表明账户内结存额计算一定有误，应立即查明错误所在。属于银行方面的原因，应及时通知银行更正；属于本单位原因，应按错账更正办法进行更正。在编制银行存款余额调节表时，一般将所有未核对一致的项目均视为未达账项，对于出现的各种未达账项，应进行认真审核，确属未达账项的，应督促有关人员办理结算手续或记账手续；属于记账错漏的，应予以及时更正。

三、其他货币资金

（一）其他货币资金的性质与范围

其他货币资金指除库存现金、银行存款以外的其他各种货币资金。其他货币资金与库存现金和银行存款一样，是企业可以作为支付手段的货币，但也有其特殊的存在形式和支付方式，在管理上也有别于库存现金和银行存款，因此应单独进行会计核算。

其他货币资金主要包括外埠存款、银行汇票存款、银行本票存款、信用卡存款、信用证保证金存款和存出投资款等。外埠存款是指到外地进行临时或零星采购时，汇往采购地银行并在采购地银行开立采购专户的款项。银行汇票存款是指企业为取得银行汇票，按规定用于银行汇票结算而存入银行的款项。银行本票存款是指企业为取得银行本票，按规定用于银行本票结算而存入银行的款项。信用卡存款是指企业为取得信用卡以办理信用卡结算而按规定存入银行的款项。信用证保证金存款是指企业为取得信用证按规定存入银行的款项。存出投资款是指企业已存入证券公司但尚未进行短期投资的款项。

（二）其他货币资金收付业务的会计核算

其他货币资金通过"其他货币资金"科目进行核算，并按其他货币资金的内容设置明细科目进行明细核算，同时按外埠存款的开户银行、每一银行汇票或本票、信用证的收款单位等设置明细账对其收付情况进行详细记录，办理信用卡业务的企业应当在"信用卡"明细科目中按开出信用卡的银行和信用卡种类设置明细账对其收付情况进行详细记录。

1. 外埠存款。企业在外埠开立临时采购账户，需经开户地银行批准。银行对临时采购账户一般实行半封闭式管理的办法，即只付不收，付完清户。除采购人员差旅费用可以支取少量现金外，其他支出一律转账。

2. 银行汇票存款。企业办理银行汇票，需将款项交存开户银行。对于逾期尚未办理结算的银行汇票，应按规定及时转回（借记"银行存款"科目，贷记"其他货币资金

——银行汇票"科目），未用的汇票存款也应及时办理退款。

3. 银行本票存款。企业办理银行本票，需将款项交存开户银行。本票存款实行全额结算，本票存款额与结算金额的差额一般采用支票或其他方式结清。对于逾期尚未办理结算的银行本票，应按规定及时转回（借记"银行存款"科目，贷记"其他货币资金——银行本票"科目），其账务处理与银行汇票存款基本相同。

4. 信用证保证金存款。企业办理信用证结算，应按规定向银行提交开证申请书、信用证申请人承诺书和购销合同。信用证保证金的核算主要包括缴纳保证金和支付货款两部分。

第二节 应收与预付款项

一、应收票据的确认与计量

（一）应收票据的确认

应收票据是指企业因销售商品、产品，提供劳务等收到的尚未到期兑现的短期的商业汇票。商业汇票是由出票人签发的，委托付款人在指定日期无条件支付确定的金额给收款人或持票人的票据。商业汇票的付款期限，最长不得超过6个月。商业汇票根据承兑人的不同，分为由付款人承兑的商业承兑汇票和由银行承兑的银行承兑汇票两类。商业汇票根据支付本息额的不同，又可以分为带息票据和不带息票据两类。带息票据是指到期时，根据票据面值和利率收取本息的票据。不带息票据是指到期时，根据票据面值收款的票据。

1. 应收票据科目的设置。为了反映和监督应收票据取得、票款收回等经济业务，收款企业应设置"应收票据"账户。其借方登记取得的应收票据的面值和计提的票据利息；贷方登记到期收回票据或到期前向银行贴现的应收票据的票面余额；期末余额在借方，反映企业持有的商业汇票的票面价值和应计利息。

2. 应收票据贴现的确定。企业收到商业汇票，如在票据未到期前需要提前取得资金，可以持未到期的商业汇票向银行申请贴现。贴现，是指企业将未到期的商业汇票经过背书，交给银行，银行受理后，从票面金额中扣除按银行的贴现率计算确定的贴现息后，将余额付给贴现企业的做法。票据贴现实质上是一种融通资金的行为。

票据贴现期就是从贴现的那一天至票据到期日之间的天数。在计算时要遵循"算头不算尾"或者"算尾不算头"的原则。头就是开始的那一天，尾就是结束的那一天。也就是说，如果算了开始的那一天，就不能算结束的那一天；反过来，如果算了结束的那一天，就不能算开始的那一天。

在贴现中，企业给银行的利息称为贴息或贴现息，所用的利率称为贴现率，票据到期值与贴现息之差称为贴现所得。

（二）应收票据的计量

1. 不带息应收票据业务的核算

（1）不带息应收票据是指商业汇票票面上未注明利率，只按照票面金额结算票款的商业汇票。不带息商业汇票的到期值等于票据面值。企业在收到商业汇票时，按面值借记"应收票据"科目，到期收回票款时，贷记"应收票据"科目。如果到期无法收回票款时，应将应收票据的面值从"应收票据"账户转入"应收账款"账户。

（2）在会计处理上发生附追索权应收票据贴现时，可设置"短期借款"科目，等票据到期，当付款人向贴现银行付清票款后，再将"短期借款"账户转销。如果是用银行承兑汇票贴现，由于票据到期应由银行负责承兑，企业不会发生或有负债，因此在会计处理上可直接冲转"应收票据"账户。

（3）应收票据转让时持票人将未到期的商业汇票背书后转让给其他单位或个人。企业将持有的应收票据背书转让，以取得所需物资时，按应计入物资成本的价值，借记"在途物资"等科目，按专用发票上注明的增值税，借记"应交税费——应交增值税（进项税额）"科目，贷记"应收票据"科目，如有差额，借记或贷记"银行存款"等科目。

2. 带息应收票据业务的核算

（1）带息应收票据是指商业汇票到期时，承兑人除向收款人或被背书人支付票面金额外，还应按票面金额和票据规定的利息率支付自票据生效日起至票据到期日止的利息的票据。企业在收到商业汇票时，按面值借记"应收票据"科目；资产负债表日（季末、半年末或年末）计提票据利息时，期末按应收票据面值和确定的票面利率计提利息，并增加应收票据的账面余额，借记"应收票据"科目，贷记"财务费用"科目；到期收回票款时，贷记"应收票据"科目（账面余额＝票据面值＋已提利息），贷记"财务费用"科目（未计提利息部分）；如果到期无法收回票款时，应从"应收票据"科目转入"应收账款"科目。

（2）应收票据到期应计利息的计算。应收票据到期应计利息＝应收票据面值×利率×期限。其中，利率有年利率、月利率、日利率三种，换算时全年按 360 天计算，每月按 30 天计算（不论大月、小月还是平月）。一般而言，用百分号表示的利率，如无特别指明，均指年利率。

二、应收账款的确认与计量

（一）应收账款的确认

如果某项应收账款纯粹是以商业信用为基础，债务人没有出具付款的书面承诺，则账款的偿付将缺乏法律约束力，会计上称之为应收账款。确认应收账款一般即意味着销售收入的实现。

为了反映应收账款的增减变动及其结存情况，企业应设置"应收账款"科目，不单独设置"预收账款"科目的企业，预收的账款也在"应收账款"科目核算。"应收账款"科目的借方登记应收账款的增加；贷方登记应收账款的收回及确认的坏账损失；期末余额一般在借方，若在贷方，则反映企业预收的账款。该科目应按对方单位名称设置明细科目，进行明细核算。

（二）应收账款的计量

通常情况下，应收账款的入账价值应根据买卖双方成交时的实际金额（包括发票金额和代购货单位垫付的运杂费）确定。若涉及商业折扣，则企业应按扣除商业折扣后的实际售价确定应收账款的入账价值。在有现金折扣的情况下，企业应按总价法入账，实际发生现金折扣，作为当期理财费用，计入发生当期的损益。

1. 商业折扣。商业折扣，是指卖方视购买数量的多少而给予的售价上的优惠。卖方在出售商品时，价目单上往往标明各种商品的价格，客户按价目单上的定价扣除卖方允许的折扣。由于商业折扣在交易成立及实际付款之前已经扣除，因此对应收账款和营业收入均不产生影响，会计记录只按商品定价扣除商业折扣后的净额入账。企业利用商业折扣，往往基于多种原因，如避免经常更改价目表，为不同的顾客或不同的购货数量提供不同的价格，向竞争对手隐瞒企业的实际价格等。

2. 现金折扣。现金折扣，是指企业为了鼓励客户在一定时期内早日偿还货款而给予的一种折扣优待。卖方提供现金折扣，实质上是给予买方在信用期内的资金使用权，这就好比供应商把钱借给买方帮助买方融资，并由买方付清信用期内的利息；而对于买方来说，接受现金折扣无异于得到一笔可观的理财收入。

三、预付账款的确认与计量

（一）预付账款的确认

预付账款是指企业按照购货合同规定预付给供应单位的账款。它是为了让对方按照购货合同规定发货，而暂时被供货单位占用的资金。预付账款与应收账款都属于企业的短期债权，但应收账款是企业应收的销货款，即应向购货单位收取的款项；而预付账款是企业的购货款，是预先付给供货单位的款项。因此，二者应当分别设置科目。

为了反映和监督预付账款的支出和结算情况，企业应设置"预付账款"科目，以进行总分类核算，同时，还应对预付账款按供货单位的名称设置明细科目，进行明细分类核算。"预付账款"科目属于资产类科目，核算企业按照购货合同规定预付给供货单位的货款。其借方登记企业预付给供应单位的款项和补付的款项，贷方登记企业收到采购货物时按发票金额冲销的预付账款数和因预付货款大于采购货款而退回的款项，期末余额一般在借方。预付款项情况不多的企业，也可以不设该科目，而将预付的款项直接记入"应付账款"科目的借方。但在编制"资产负债表"时，应当将"预付款项"和"应付账款"项目的金额分别反映。

（二）预付账款的计量

企业根据购货合同的规定向供货单位预付款项时，借记"预付账款"科目，贷记"银行存款"科目。企业收到所购货物时，根据有关发票账单金额，借记"原材料""应交税费——应交增值税（进项税额）"等科目，贷记"预付账款"科目；当预付货款小于采购货物所需支付的款项时，应按不足部分补付货款，借记"预付账款"科目，贷记"银行存款"科目；当预付货款大于采购货物所需支付的款项时，对收回的多余款项，借记"银行存款"科目，贷记"预付账款"科目。

四、其他应收款的确认与计量

（一）其他应收款的确认

其他应收款是指企业除应收票据、应收账款、预付款项、应收股利、应收利息、长期应收款等以外的各种应收、暂付给其他单位和个人的款项。

其他应收款的主要内容包含：①应收的各种赔款、罚款；②应收的出租包装物租金；③应向职工收取的各种垫付款项；④不设置"备用金"科目的企业拨出的备用金（向企业各职能科室、车间拨出的备用金）；⑤存出保证金，如租入包装物支付的押金；⑥不符合预付账款性质而按规定转入的预付账款；⑦其他各种应收、暂付款项。

为了反映和监督其他应收款的发生和结余情况，企业应设置"其他应收款"科目进行核算。该科目借方登记各种其他应收款项的发生，贷方登记其他应收款项的收回，期末借方余额反映企业尚未收回的其他应收款项。在"其他应收款"账户下，应按其他应收款的项目分类，并按不同的债务人设置明细账，进行明细核算。

（二）其他应收款的计量

企业发生其他各种应收、暂付款项时，借记本科目，贷记"库存现金""银行存款""固定资产清理""待处理财产损溢"等科目；收回或转销各种款项时，借记"库存现金""银行存款"等科目，贷记本科目。

第三节　存　货

存货是企业在日常或种种持有的以备出售的产成品或商品、处在生产过程中的在产品、在生产过程或提供劳务过程中耗用的材料和物料等。存货一般在一年或一个经营周期内能够转换成现金资产，它是企业流动资产重要的组成部分。

一、存货的内涵

（一）存货的特征和确认条件

1. 存货的特征

（1）存货是有形资产，不同于商标权、专利权这些无形资产。

（2）存货是流动资产，但其流动性低于现金、应收账款等流动资产。存货一般都会在一年或一个经营周期内被销售或耗用并变现，具有较强的变现能力。

（3）企业持有存货的目的是为正常生产经营中出售或为经过加工后再出售或为生产过

程耗用，从而实现存货的价值增值。例如，企业持有材料的目的是生产产品，属于存货，但如果为建造固定资产而购入的工程物资，就不属于存货这项流动资产，而属于非流动资产。

（4）存货具有实效性和发生潜在损失的可能性。在正常的长期生产经营活动中，存货能够规律地转换为货币资产或其他资产，但长期不能耗用或销售的存货就有可能变为积压物资乃至变质报废，从而造成企业的损失。

2. 存货的确认条件

企业在确认某项资产是否作为存货，首先需要判断该项资产是否符合存货的概念，然后再判断是否同时满足以下两项条件：

（1）与该存货有关的经济利益很可能流入企业。资产最重要的特征是预期会给企业带来经济利益。如果某一项目预期不能给企业带来经济利益，就不能确认为企业的资产。存货是企业的一项重要的流动资产，因此，对存货的确认，关键是要判断是否很可能给企业带来经济利益或所包含的经济利益是否很可能流入企业。通常情况下，存货的所有权是存货包含的经济利益很可能流入企业的一个重要标志。凡是所有权已属于企业，无论企业是否收到或持有该存货项目，均应作为企业的存货；反之，如果没有取得所有权，即使存放在企业，也不能作为本企业的存货。

一般情况下，根据销售合同已经售出（取得现金或收取现金的权利），所有权已经转移的存货，因其所含经济利益已不能流入企业，因而不能再作为企业的存货核算，即使该存货尚未运离企业；而委托代销商品，由于其所有权并未转移至受托方，因而委托代销的商品属于委托企业存货的一部分；在售后回购交易方式下，销货方在销售商品时，商品的所有权已经转移给了购货方，但由于销货方承诺将回购商品，因而仍然保留了商品所有权上的主要风险，交易的实质是销货方以商品为质押向购货方融通资金，销货方通常并不确认销售收入，所销售的商品仍应包括在销货方的存货之中。总之，企业在判断存货所含经济利益能否流入企业时，通常应考虑该项存货所有权的归属。

（2）该存货的成本能够可靠地计量。成本能够可靠地计量是资产确认的一项基本条件。存货作为企业资产的组成部分，要予以确认也必须能够对其成本进行可靠的计量。存货的成本能够可靠地计量必须以取得确凿、可靠的证据为依据，并且具有可验证性。如果存货成本不能可靠地计量则不能确认为存货。

（二）存货的范围

凡是在盘存日期，法定所有权属于企业的一切物品，不论其存放地点，都应作为企业的存货，应在资产负债表内予以反映。因此，判断一项资产是否属于企业的存货，关键要视其法定所有权是否已经发生转移。存货所有权的转移不能根据存货实体所在的空间位置变化来决定，而应根据企业存货购销的权利和义务来确定。在确定存货范围时，有以下七种情况值得注意：

1. 凡是按照规定已经开具发票售出，其所有权已经转移的物品，即使货物未离开企业，也不能作为本企业的存货。

2. 对于委托代销、委托加工商品以及外出展销商品等，商品售出以前，其所有权仍属于本企业，应列为企业的存货。代销商品在出售以前，所有权属于委托方，受托方只是代对方销售商品，因此，代销商品应作为委托方的存货处理。

3. 已经购入而未收到的运输途中的商品或在途材料，如果其所有权已经归属本企业，则应列为企业的存货。具体地说，三种情况购货方应作为其存货处理：①对于销货方按销货合同、协议规定已确认销售而尚未发运给购货方的商品；②对于购货方已收到商品但尚未收到销货方结算发票等凭证的商品；③对于购货方已确认为购进而尚未到达入库的在途商品。

4. 对于进口货物，应视购销合同的有关条款来处理。如在起运港船上交货，则货物装船离岸后归属买方所有，列为买方存货；如采用目的地交货，货物运达口岸后才归属为买方存货。

5. 对于出口货物，如合同为离岸交货，货物装船离岸后，其所有权转归对方，不能作为本企业的存货；如在目的地交货，在到达目的地之前，这批货物仍属于本企业存货范围。

6. 接受其他单位委托加工、委托代管的货物，虽存放于本企业，但所有权不属于本企业，因而不能列为本企业存货范围。

7. 约定未来购入的商品，由于企业没有实际的购货行为发生，因此，不作为企业的存货，也不确认有关的负债和费用。

（三）存货分类

存货按照不同分类角度有多种分类，为了加强对存货的管理，可按照存货的经济用途进行分类和存货的存放地点进行分类。

1. 按照经济用途分类

（1）原材料：指供生产制造产品而购入的各种物品，如原料及主要材料、辅助材料、外购半成品、修理用备件、包装材料、燃料等。

（2）在产品：指企业各个生产工序上正在加工的产品，及已加工完毕但尚未验收或已验收但尚未办理入库手续的产品。

（3）半成品：指已完成一个或几个生产步骤但未完成全部生产工艺过程，已验收合格入半成品库，但需要进一步加工方可销售的中间产品。但不包括从一个车间直接转给另一个车间继续加工的自制半成品以及不能单独计算成本的自制半成品。

（4）产成品：指已完成本企业的全部生产工艺过程，并已验收合格入库，可以按照合同规定的条件送交订货单位，或可以作为商品对外销售的产品。

（5）商品：指商品流通企业的商品，包括外购或委托加工完成验收入库用于销售的各种商品。

（6）周转材料：指企业能够多次使用但不符合固定资产定义、不能确认为固定资产的各种材料，主要包括包装物、低值易耗品。包装物，是指为包装本企业产品而储备的各种包装容器，如桶、箱、坛等。低值易耗品，是指价值较低或使用期较短不能列为固定资产核算的各种劳动资料，如工具、管理用具、玻璃器皿、劳动保护用品，以及在经营过程中周转使用的容器等。

（7）委托代销商品：指企业委托其他单位代销的商品。

2．按照其存放地点分类

（1）库存存货：指已经运到企业并已验收入库的各种材料和商品，以及已经验收入库的自制半成品和产成品等。

（2）在途存货：指企业从外地购入、货款已付但尚在运输途中，或虽已运抵但尚未验收入库的各种材料物资以及商品。

（3）加工中存货：指本企业正在加工中的存货和委托其他单位加工、但尚未完成加工过程的各种存货。

（4）在售存货：指企业已经发运给购货方但尚不能完全满足收入确认的条件，因而作为销货方的发出商品、委托代销商品的存货。

3．按照存货来源分类

存货按其来源可分为外购存货、自制存货、委托外单位加工完成的存货、投资者投入的存货、接受捐赠的存货、以非货币性交易取得的存货、通过债务重组取得的存货和盘盈存货、通过企业合并取得的存货等。本章存货的初始计量主要按来源分类进行介绍。

二、存货初始计量

存货的初始计量是指企业在取得存货时，对其入账价值的确定。存货的初始计量以取得存货的实际成本为基础。

存货成本包括采购成本、加工成本和其他成本。存货应按照成本进行初始计量。存货成本包括采购成本、加工成本和其他成本。存货的采购成本，包括购买价款、相关税费、运输费、装卸费、保险费以及其他可归属于存货采购成本的费用。存货的加工成本，包括直接人工以及按照一定方法分配的制造费用。存货的其他成本，是指除采购成本、加工成本以外的，使存货达到目前场所和状态所发生的其他支出。

（一）外购存货

1. 外购存货成本

外购存货的成本包括购买价款和采购费用两部分。

购买价款是指所购货物发票账单上列明的价款，但不包括按规定可予以抵扣的增值税进项税额。

采购费用包括运杂费、运输途中的合理损耗、入库前的挑选整理费和购入存货应负担的税金及其他费用等。

相关税费包括进口关税、小规模纳税人的增值税、购买存货的消费税以及不能从增值税销项税额中抵扣的进项税额。经确认为小规模纳税企业，其采购货物支付的增值税，无论是否在发票账单上单独列明，一律计入所购货物的采购成本；经确认为一般纳税企业，其采购货物支付的增值税，凡专用发票或完税证明中注明的，不计入所购货物的采购成本，而作为进项税额单独核算；用于非应交增值税项目或免交增值税项目的，以及未能取得增值税专用发票或完税证明的，其支付的增值税则计入所购存货的成本。

存货采购过程的运杂费是指存货自来源地运至工地仓库或指定堆放地点所发生的全部费用，主要包括运输费、包装费、装卸费、保险费、仓储费等。需要注意的是，采购成本中不包括采购人员的差旅费，差旅费一般计入期间费用。

运输途中的合理损耗是指存货在运输装卸过程中不可避免的定额范围内的损耗。合理损耗都记入存货采购成本，不合理损耗应向责任人或责任单位索赔，意外损耗造成的净损失记入营业外支出，无法查明原因的其他损耗记入管理费用。

入库前的挑选整理费包括挑选整理中发生的工资支出和必要的损耗（扣除回收的下脚

废料价值）应计入存货成本。但是，入库以后发生的仓储费、保管费等则不再计入采购商品的成本，而应计入期间费用。

其他费用，如大宗物资的市内运杂费等。大宗物资的市内运杂费属于存货采购成本。

应当注意的是，市内零星货物运杂费、采购人员的差旅费、采购机构的经费以及供应部门经费等，一般不包括在存货的采购成本中。

2. 外购存货会计处理

在实际成本法下，外购存货一般通过"原材料"进行反映。根据结算方式和采购地点的不同，可能使验收入库和货款结算不能同步进行。因此，分为以下三种情况：

（1）存货与发票同时到达企业。企业根据结算凭证、购货发票、运费收据、收料单等结算凭证，对买价及采购费用等直接确认存货成本，可直接记入存货账户。

（2）存货已验收入库，发票尚未到达企业。购买的货物已运达企业，并已验收入库，但尚未收到供应商的发票和相关凭证，这种情况在月内一般暂时不入账，待结算凭证到达之后再按前面的方法入账。如果到了月末，有关凭证仍然未到达，为了使账实相符，应按暂估价或合同价格借记"原材料"账户，贷记"应付账款——暂估应付账款"账户，下个月初用红字冲回。待有关凭证到达后，再按当月收料付款处理。

（3）购货发票已到，但存货尚在运输途中或尚未验收入库，结算凭证等单据已到，材料未到或未验收入库，形成在途材料。企业应根据结算凭证、购货发票等记入"在途物资"账户，待材料到达并验收入库，再根据收料单借记"原材料"，贷记"在途物资"。

企业在购买存货时，可以支付现金，也可以通过赊账的方式取得存货。企业按照购货合同的约定预先付款，也可以通过预付账款购买存货。采用预付货款方式购入存货的情况，企业在预付货款时，应按照实际预付的金额确认预付账款；所购存货验收入库时，再按照发票账单等结算凭证确定存货成本，确认存货，同时转销预付账款。

（二）企业的自制存货

自制存货是由企业的生产车间制造而取得的。自制存货应按照制造过程中的各项实际支出，作为实际成本。通过设置"生产成本"账户，来核算制造过程中所耗费的原料、人工费用和其他费用。自制存货的成本主要由采购成本和加工成本构成，也可能还包括其他成本。

存货的加工成本，是指在存货加工过程中发生的直接人工以及按照一定方法分配的制造费用。其中，直接人工是企业在生产产品过程中，向直接从事生产的工人支付的职工薪酬；制造费用是指企业为生产产品而发生的各项间接费用，包括企业生产部门管理人员的职工薪酬、折旧费、办公费、水电费、机物料消耗、劳动保护费、季节性和修理期间的停工损失等。存货的其他成本是指除采购成本、加工成本以外的，使存货达到目前场所和状态所发生的其他支出，如为特定客户设计产品所发生的设计费用，可直接归属于符合资本化条件的存货、应当计入资本化的借款费用等。其中，符合资本化条件的存货，是指需要经过相当长时间的生产活动才能达到预定可销售状态的存货。企业发生的一般产品设计费用以及不符合资本化条件的借款费用，应当计入当期损益。

（三）其他方式获取的存货

其他方式取得的存货主要包括委托加工存货、投资者投入的存货、接受捐赠的存货、盘盈取得的存货以及通过非货币性资产交换取得的存货等。

1. 委托方加工存货

委托外单位加工完成的存货，以实际耗用的原材料或者半成品、加工费、运输费、装卸费、保险费等费用以及按规定应计入成本的税金，作为实际成本。以下通过委托加工物资的核算来说明。

委托加工物资是指企业委托外单位加工的各种物资。企业通过设置"委托加工物资"账户来核算企业委托外单位加工的各种物资的实际成本。"委托加工物资"账户借方登记发出材料物资的成本、加工费用和运费等其他费用，贷方登记加工完毕验收入库的材料的实际成本，期末余额在借方，表示正在加工未完成的委托加工物资的实际成本。该科目一般按加工企业名称开设明细账进行核算。

2. 投资方投入的存货

按照投资各方在投资合同或协议约定的价值，确认存货的价值，但合同或协议约定价值不公允的除外。

企业收到投资者投入的存货时，按投资合同或协议约定的存货价值，借记存货各相关科目，按增值税专用发票上注明的增值税进项税额，借记"应交税费——应交增值税（进项税额）"科目，按投资者在注册资本中应占份额贷记"实收资本"或"股本"科目，借贷差额贷记"资本公积"科目。

3. 接受捐赠的存货

接受捐赠的存货按以下规定确定其实际成本：

（1）捐赠方提供了有关凭据（如发票、报关单、有关协议）的，按凭据上标明的金额加上应支付的相关税费，作为实际成本。

（2）捐赠方没有提供有关凭据的，按如下顺序确定其实际成本：

第一，同类或类似存货存在活跃市场的，按同类或类似存货的市场价格估计的金额，加上应支付的相关税费，作为实际成本。

第二，同类或类似存货不存在活跃市场的，按该接受捐赠的存货的预计未来现金流量现值，作为实际成本。

4. 盘盈的存货

盘盈的存货，按重置成本作为入账价值，并通过"待处理财产损溢"账户进行会计处理，按照管理权限批准后，无法确定盘盈原因的报经批准后，冲减当期管理费用。

三、发出存货计量

（一）存货的实物流转和存货成本流转的假设

存货的流转是企业在生产经营过程中存货的购入、领用、销售所形成的流转过程，它包括实物流转和成本流转两个方面。

企业的存货因生产经营活动的持续进行而不断地处于流入和流出的过程中。从理论上讲，存货的实物流转与成本流转应保持一致，即实物收入和发出时，其账面成本也相应地增加和转出。但在实际工作中，存货的实物流转与成本流转很难保持一致。

由于企业的各种存货是分次购入或多次生产完成的，同一品种、同一规格存货各次采购成本或生产成本也往往不同，因此，发出存货的成本需要采用一定的方法加以确定。在确定存货发出的方法中，实物的流转与成本的流转可能保持一致，也可能不一致，即存在着实物流转与成本流转相分离的情况，出现了存货成本流转假设。

企业应当根据各类存货实物流转的情况、企业管理的要求、存货的性质等实际情况，确定发出存货成本的计算方法，以及当期发出存货的实际成本。企业可以用于确定发出存货成本的方法有个别计价法、加权平均法、移动平均法、先进先出法和后进先出法等。企业会计准则规定，企业在确定发出存货的成本时，可以采用先进先出法、加权平均法或者个别计价法。对于性质和用途相似的存货，应采用相同的计价方法。存货的计价方法一旦选定，前后各期应保持一致，并在会计报表附注中予以披露。不同的存货计价方法，将对企业的财务状况和经营成果产生影响。

(二)发出存货的计价方法

1. 个别计价法

个别计价法也称为分批认定法,是指用每一批存货购入时的实际单位成本作为该批存货发出时的单位成本,期末结存的存货成本按购入时的单位成本确定。在这种方法下,实物流转与成本流转保持一致。

采用个别计价法进行存货的明细核算,要求保管部门对每批购进的商品分别存放,并为各批存货分别标明进货批次和进价,在存货发出时,应在发货单中填明其进货的批次和单价,以便据以计算该批存货发出的成本,登记库存存货明细账。在发出存货时,按发出数量乘以实际单价计算。如果发出的存货包括两批或两批以上的进货时,也应按两个或两个以上的进价分别计算。个别计价法一般适用于单位价值比较高或容易辨认的存货,如房产、飞机以及珠宝、首饰等贵重物品。

2. 加权平均法

加权平均法也称月末一次加权平均法,是指以期初结存存货数量和本期收入存货数量之和为权数,来确定本月发出存货的加权平均单价,并据以计算存货的发出成本和期末结存成本的方法。发出存货全月一次加权平均单价=(月初结存存货成本+本月购入存货成本)/(月初结存存货数量+本月购入存货数量)。本月发出存货成本=加权平均单价×发出存货数量。

在这种方法下,对于购入存货,不仅在明细账上要登记数量,而且还要记入单价、金额,但对于发出材料只登记数量,并随时结出账面结存数量,至于发出存货的成本和月末结余成本,在月末计算出加权平均单价后再行填列。

加权平均法的优点在于月末计算一次加权单价,简化成本核算工作;缺点是对月中发出存货的成本平时无法在账簿中反映出来,不利于存货的及时管理,影响成本计算的及时性,不利于了解存货资金的日常占用情况。这种方法适用于单价变动幅度不大而存货收发比较频繁的企业。

3. 先进先出法

先进先出法是以先收到的存货先发出这样一种存货实物流转假设为前提,对发出存货进行计价的一种方法。

采用这种方法计算发出存货成本时,依据存货明细账中结存存货的数量和单价,依次进行计算,求出发出存货的成本。

采用先进先出法，可以在存货发出时就计算结转发出存货成本，并且结存存货的成本与市价比较接近。同时可以看出，在物价持续上涨时，采用这种方法计算的发出成本较低，企业当期利润计算偏高，期末存货成本就接近于最后收进或购进存货的成本。也就是说，从该方法对财务报告的影响看，物价上涨期间，会高估当期利润和存货价值；反之，会低估当期利润和存货价值。

先进先出法的优点是账面结存存货的成本与市价基本一致；缺点是发出存货数量较大时，发出的存货成本需要使用多个单价计算，会计核算工作比较复杂，特别是对于存货进出量频繁的企业更是如此。

（三）计划成本法

计划成本法是指原材料的日常收入、发出和结存均按照预先制定的计划成本计价，并设置"材料成本差异"账户登记实际成本与计划成本之间的差异；月末，再通过对材料成本差异的分摊，将发出材料的计划成本和结存材料的计划成本调整为实际成本进行反映的一种核算方法。

1. 计划成本法的适用范围与核算程序

计划成本法适用于原材料品种较多、收发次数比较频繁的大中型企业。

采用计划成本法核算可以简化原材料收发的日常核算手续，同一原材料采用同一个单位计划成本，其明细账平时可以只登记收、发、存的数量，而不必登记金额，因此在日常核算中就避免了烦琐的发出存货计价，简化了存货的日常核算手续。采用计划成本法进行日常核算的基本程序如下：

（1）制定科学合理的原材料的计划单位成本。企业应结合各种原材料的特点、实际采购成本等确定原材料的计量单位和计划单位成本。计划成本是指在正常的市场条件下，企业取得原材料应当支付的合理成本。计划成本一般由会计部门会同采购等部门共同制定，制定的计划成本应尽可能接近实际，以利于发挥计划成本的考核和控制功能。计划成本一经确定，在年度内一般不做调整。

（2）确定材料成本差异。原材料的计划成本与实际成本的差异就是材料成本差异。如果一批原材料的实际成本大于计划成本，此差异为超支差；反之，则为节约差。

（3）收入材料和发出材料的日常核算中均按计划成本计价。平时取得原材料，按其计划成本和计划成本与实际成本间的差异额分别在相关账户进行分类登记；平时发出原材料按计划成本核算。

（4）月末结转材料成本差异。月末按本月发出材料应负担的差异额进行分摊，并随同发出材料的计划成本记入有关账户，从而将消耗原材料调整为实际成本。因此，计划成本法下的核算思路为原材料的日常收入与发出均按计划成本计价，月末通过计划成本与实际成本差异的分摊，将本月发出材料的计划成本和月末结存的原材料的计划成本调整为实际成本进行反映。

2. 计价组织收发核算应设置的科目

（1）"材料采购"科目。"材料采购"科目属于资产类账户，该账户是用来核算采用计划成本进行材料日常核算的企业所购入的各种材料的实际采购成本、结转入库材料的计划成本，并据以确定购入材料成本差异。

"材料采购"科目借方登记应记入材料采购成本的实际成本（包括买价、采购费用等），以及结转验收入库材料的实际成本与计划成本的节约差；贷方登记验收入库的原材料的计划成本，以及结转验收入库材料的实际成本与计划成本的超支差。期末有借方余额，表示尚未到达或尚未验收入库的材料的实际成本。该账户应按材料的类别或品种设置明细账户，进行明细分类核算。

（2）"材料成本差异"科目。"材料成本差异"科目属于资产类账户，该账户是用来核算企业各种材料的实际成本与计划成本的差异及其节余情况。

"材料成本差异"科目的借方登记结转验收入库材料的超支差以及发出材料应负担的节约差；贷方登记结转验收入库材料的节约差以及发出材料应负担的超支差。期末余额可能在借方，也可能在贷方。如果期末余额在借方，表示库存材料的实际成本大于计划成本的超支差异额；如果期末余额在贷方，表示库存材料实际成本小于计划成本的节约差异额。

（3）"原材料"科目。"原材料"科目属于资产类账户，该账户在计划成本法下是核算企业原材料的计划成本的增减变动的。在计划成本法下，"原材料"科目借方登记已验收入库材料的计划成本，账户贷方登记发出或其他原因减少材料的计划成本，期末余额在借方，表示期末库存材料的计划成本。该科目应按购入材料的品种、规格分别设置明细分类账户，进行明细分类核算。

第四节　固定资产与无形资产

一、固定资产和无形资产的认知

（一）固定资产的确认条件和分类

1. 固定资产的特征与确认条件

固定资产是指为生产产品、提供劳务、出租或经营管理而持有的，使用年限超过一个会计年度的有形资产，包括房屋及建筑物、机器设备、运输设备、工具器具等。固定资产有以下三项特征：

第一，持有固定资产的目的是为生产产品、提供劳务、出租或经营管理，不是为了将其直接出售获益，而是为了在生产经营过程中使用它们而受益，这是固定资产区别于企业持有的存货商品的重要特征。房地产开发企业持有的对外出售的房地产，并不是为生产商品、提供劳务、出租或经营管理而持有的，所以不属于固定资产，而是属于存货。对于出租，是指经营出租非房地产的资产，经营出租的房地产应作为投资性房地产。

第二，使用寿命一般超过一个会计年度。企业固定资产的受益期超过 1 年。这一特征使固定资产区别于流动资产。

第三，从存在形态上看，固定资产是有形资产。这一特征使固定资产区别于无形资产。

固定资产除了符合上述定义，还需要符合以下两个条件才能予以确认：

（1）该固定资产包含的经济利益很可能流入企业。资产最为重要的特征是预期会给企业带来经济利益。如果其中一项预期不能给企业带来经济利益，就不能确认为企业的资产。固定资产是企业一项重要的资产，因此，对固定资产的确认，关键是需要判断其所包含的经济利益是否很可能流入企业。如果某一固定资产包含的经济利益不是很可能流入企业，那么，即使其满足固定资产确认的其他条件，企业也不应将其确认为固定资产；如果某一固定资产包含的经济利益很可能流入企业，并同时满足固定资产确认的其他条件，那么，企业应将其确认为固定资产。

在实务中，判断固定资产包含的经济利益是否很可能流入企业，主要是依据与该固定资产所有权相关的风险和报酬是否转移到了企业。其中，与固定资产所有权相关的风险是指，由于经营情况的变化造成的相关收益的变动，以及由于资产闲置、技术陈旧等原因造成的损失；与固定资产所有权相关的报酬是指，在固定资产使用寿命内直接使用该资产而获得的经济利益，以及处置该资产所实现的收益等。通常，取得固定资产的所有权是判断与固定资产所有权相关的风险和报酬转移到企业的一个重要标志。凡是所有权已属于企业，无论企业是否收到或持有该固定资产均应作为企业的固定资产；反之，如果没有取得所有权，即使存放在企业，也不能作为企业的固定资产。有时，企业虽然不能取得固定资产的所有权，但是，与固定资产所有权相关的风险和报酬实质上已转移给企业，此时，企业能够控制该项固定资产使其所包含的经济利益流入企业。比如，融资租入固定资产，企业虽然不拥有固定资产的所有权，但与固定资产所有权相关的风险和报酬实质上已转移到企业（承租方），此时，企业能够控制该固定资产所包含的经济利益，因此，符合固定资产确认的第一个条件。

（2）该固定资产的成本能够可靠地计量。成本能够可靠地计量，是资产确认的一项基本条件。固定资产作为企业资产的重要组成部分，要予以确认，其为取得该固定资产而发生的支出也必须能够确切地计量或合理地估计。如果固定资产的成本能够可靠地计量，并同时满足其他确认条件，就可以在会计报表中加以确认；否则，企业不应加以确认。

企业在确认固定资产成本时，有时需要根据所获得的最新资料，对固定资产的成本进行合理的估计。比如，企业对于已达到预定可使用状态的固定资产，在尚未办理竣工决算时，需要根据工程预算、工程造价或者工程实际发生的成本等资料，按暂估价值确定固定资产的入账价值，待办理了竣工决算手续后再做调整。

2. 企业固定资产的分类

（1）按固定资产的经济用途分类，可分为生产经营用固定资产和非生产经营用固定资产。

生产经营用固定资产，是指直接服务于企业生产、经营过程的各种固定资产。如生产经营用的房屋、建筑物、机器、设备、器具、工具等。

非生产经营用固定资产，是指不直接服务于生产、经营过程的各种固定资产。如职工宿舍、食堂、浴室、理发室等使用的房屋、设备和其他固定资产等。

按照固定资产的经济用途分类，可以反映和监督企业生产经营用固定资产和非生产经营用固定资产之间，以及生产经营用各类固定资产之间的组成和变化情况，借以考核和分析企业固定资产的利用情况，促使企业合理地配备固定资产，充分发挥其效用。

（2）按固定资产所有权分类，可以分为自有固定资产和租入固定资产。

自有固定资产，是企业拥有的可供长期使用的固定资产。

租入固定资产，是企业向外单位租入，供企业在一定时期内使用的固定资产。租入固定资产的所有权属于出租单位。租入固定资产可分为经营租入固定资产和融资租入固定资产。

（3）按固定资产的经济用途和使用情况综合分类。我国企业会计制度对固定资产采用综合分类法，将固定资产按经济用途和使用情况分为七大类：生产经营用固定资产、非生产经营用固定资产、租出固定资产（指经营租赁方式出租给外单位使用的固定资产）、未使用固定资产、不需用固定资产、土地、融资租入固定资产（指企业以融资租赁方式租入的固定资产）。

未使用固定资产是指已完工或已购建的、尚未交付使用的固定资产，以及因进行改建、扩建等原因停止使用的固定资产，如企业购建的尚待安装的固定资产、经营任务变更停止使用的固定资产等。

不需用的固定资产是指本企业多余或不适用、需要处理的固定资产。

（二）无形资产的确认条件和分类

1. 无形资产的特征和确认条件

无形资产是指企业拥有或者控制的没有实物形态的可辨认非货币性资产。无形资产具有四项特征：①由企业拥有或者控制并能为其带来经济利益的资源。无形资产是一项资产，具有一般资产的特征。②不具有实物形态。无形资产通常表现为某种权利（如土地使用权）、某种技术或是某种获取超额利润的能力（如非专利技术）。无形资产的这一特征，使其报废时一般情况下没有残值。③具有可辨认性。一是能够从企业中分离或者划分出来，并能单独或者与相关合同、资产或负债一起，用于出售、转移、授予许可、租赁或者交换；二是源自合同性权利或其他法定权利，无论这些权利是否可以从企业或其他权利和义务中转移或者分离。此项特征，使得商誉不同于无形资产，因为商誉具有不可辨认性。④属于非货币性资产。无形资产一般不容易转化为现金，在持有无形资产的过程中，它为企业带来的经济利益的情况不确定，不能以确定的金额转化为现金，属于非货币性资产。这一特征不同于应收账款、应收票据等货币性资产。

无形资产除了符合上述定义，还需要符合以下两个条件才能予以确认：

（1）该无形资产包含的经济利益很可能流入企业。无形资产产生的未来经济效益可能包括在销售商品、提供劳务的收入中，或企业使用该项无形资产而减少或节约了成本，或者体现在获得的其他利益当中。

（2）该无形资产的成本能够可靠地计量。企业自创商誉以及内部产生的品牌、内部刊物、企业的客户关系等，因其成本无法可靠计量，不能作为无形资产确认。

2. 企业无形资产的分类

（1）按无形资产的形成和来源分类。按照形成和来源不同，无形资产可以分为外部取得的无形资产和内部形成的无形资产。

外部取得的无形资产，是指企业用货币资金、投资者投入或者以其他资产相交换，取得的无形资产，具体包括：外购的无形资产、投资者投入的无形资产、企业合并取得的无形资产、债务重组取得的无形资产、以非货币性生产交换取得的无形资产以及政府补助取得的无形资产等；内部形成的无形资产，是指由企业内部自行研制开发取得的无形资产。

（2）按期限分类。按照是否具备确定的使用寿命，可以把无形资产分为使用寿命有限的无形资产和使用寿命不确定的无形资产。这种分类的目的主要是为了正确地对无形资产在其使用寿命内合理进行摊销。

使用寿命有限的无形资产，是能够估计其使用寿命的年限的无形资产。

使用寿命不确定的无形资产，是没有明确的合同或法律规定该项无形资产的使用寿命，从相关可参考的经验或专家论证等方面，也无法合理确定其为企业带来经济利益期限的无形资产。

（3）按经济内容分类。

1）专利权。专利权是国家专利管理机关依法授予发明人于一定年限内拥有对其发明创造享有的专有权利，包括发明专利权、实用新型专利权和外观设计专利权，专利人拥有的专利权受到国家法律保护。

专利权具有三项特征：①垄断性，即专利权人享有独占其专利的权利，除非向专利权人购买专利或购买专利使用权，其他人不得使用该专利发明和创造；②地域性，即任何专利权受法律的保护都有一定区域限制，一国批准的专利权只受本国或所参加的国际专利联盟的成员国的法律保护，超出这个范围，专利权就失去效力；③时间性，即专利权的法律保护是有期限的，任何专利权超过法定期限后，便自行失效。专利权允许其持有者独家使用或控制，但并不保证一定能给持有者带来经济效益，因此，企业不应将其所拥有的一切专利权都予以资本化，作为无形资产进行核算。一般而言，只有从外单位购入的专利或自行开发并按法律程序申请取得的专利，才能作为无形资产进行管理和核算。这种专利可以降低成本，或者提高产品质量或者将其转让出去获得转让收入。

2）非专利技术。非专利技术，也称专有技术、技术秘密或技术诀窍，是指先进的、未公开的、未申请专利、可以带来经济效益的技术诀窍。主要包括：①工业专有技术，即生产上已经采用，仅限于少数人知道，不享有专利权或发明权的生产、装配、修理、工艺或加工方法的技术知识；②商业（贸易）专有技术，即具有保密性质的市场情报、原材料价格情报以及用户、竞争对象的情况和有关知识；③管理专有技术，即生产组织的经营方式、管理方式、培训员工方法等保密知识。非专利技术并不是专利法保护的对象，专有技术所有人依靠自我保密的方式维持其独占权，可以用于转让和投资。企业的非专利技术，有些是自己开发研究的，有些是根据合同规定从外部购入的。对于从外部购入的非专利技术，应将实际发生的支出予以资本化，作为无形资产入账。

3）商标权。商标权，是企业拥有的为了将自己生产或经销的商品区别于其他企业的商品而施加特殊标记或图案的一种专有权利。企业自创的商标并将其注册，其注册登记费一般不多，是否将其资本化并不重要。为建立获利能力的商标，一般通过广告等手段，但广告费一般不作为商标权的成本，在发生时直接计入当期损益。商标可以转让，如果企业购买他人的商标，一次性支出的费用较大的，可以将其资本化，作为无形资产处理，即根据购入商标的价款、支付的手续费以及有关费用作为商标的成本。

4）著作权。著作权亦称版权，是国家版权管理机关依法授予著作人或文艺作品的创作人以及出版商在一定年限内发表、制作、出版和发行的专有权利。一般情况下，著作权并不赋予所有者唯一使用某一作品的权利，而只是赋予所有者向他人因公开发行、制作、出版或再版其作品而取得收益的权利。

5）土地使用权。土地使用权是指国家准许某一企业或单位在一定期间内对国有土地享有开发、利用、经营的权利。在我国，任何企业或个人只能拥有土地使用权，没有所有权。企业取得土地使用权，应将取得时发生的支出予以资本化，作为土地使用权的成本，一般而言，应确认为无形资产，但属于投资性房地产或者作为固定资产核算的土地使用权，应当按照投资性房地产或固定资产的核算原则进行会计处理。

6）特许权。特许权，也称经营特许权、专营权，是指企业在某一地区经营或销售某种特定商品的权利或是一家企业接受另一家企业使用其商标、商号、技术秘密等的权利。通常有两种形式：一种是由政府机构授权，准许企业使用或在一定地区享有经营某种业务的特权，如水、电、邮电通信等专营权、烟草专卖权等；另一种是企业间依照签订的合同，有限期或无限期使用另一家企业的某些权利，如连锁店分店使用总店的名称等。作为无形资产的特许权，是指后一种。

二、固定资产与无形资产的处置

固定资产和无形资产的处置是指由于固定资产或无形资产无法为企业带来经济利益，对固定资产或无形资产进行转销并终止确认的情形。

（一）固定资产的处置

固定资产处置，包括固定资产的出售、转让、报废和毁损、对外投资、非货币性资产交换、债务重组等。固定资产处置一般通过"固定资产清理"科目核算，应将处置收入扣除账面价值和相关税费后的金额计入当期损益。本节仅介绍出售、转让、报废和毁损等几种情况。

企业因出售、转让、报废和毁损、对外投资、非货币性资产交换、债务重组等处置固定资产，需要通过"固定资产清理"科目进行会计处理，步骤如下：

1. 固定资产账面价值转入"固定资产清理"科目。将原来反映该项处置的固定资产的相关账户做相反的结转，差额即为固定资产清理转入的金额。

2. 处置过程中发生的清理费用。固定资产在清理过程中应支付的相关税费和其他费用，记入"固定资产清理"科目的借方，并同时确认负债或确认资产减少。

3. 收到处置固定资产的价款、残料价值和变价收入。固定资产在清理过程中确认收到的各项收入或其他资产的同时，记入"固定资产清理"科目的贷方。

4. 结转清理净损益。清理完毕，结清"固定资产清理"科目。属于生产经营期间正常的处理损失，确认为"营业外支出——处置非流动资产损失"；属于自然灾害等非正常原因造成的损失，确认为"营业外支出——非常损失"；如果清理完毕为净收益的，确认为"营业外收入——处置非流动资产利得"。

对于持有待售的固定资产，应当调整该项固定资产的预计净残值，使该项固定资产的预计净残值能够反映其公允价值减去处置费用后的金额，但不得超过符合持有待售条件时该项固定资产的原账面价值，原账面价值高于调整后预计净残值的差额，应作为资产减值损失计入当期损益。持有待售的固定资产重新划分归为持有待售之日起停止计提折旧和减值准备。

（二）无形资产的处置

无形资产的处置，包括无形资产的出售、对外捐赠，或报废等无法为企业带来未来经济利益的情形。

企业出售无形资产时，将其取得的价款与该无形资产账面价值的差额计入当期损益（营业外收入或营业外支出）；企业无形资产预期不能为企业带来未来经济利益，应作为报废处理，转销其账面价值，并将其确认为营业外支出。

第五节　流动负债与非流动负债

一、流动负债

（一）短期借款

短期借款指企业向银行或其他金融机构等借入的期限在一年以内（含一年）的各种借款。短期借款一般是企业为取得维持正常的生产经营所需的资金而借入的或者为抵偿某项债务而借入的。

企业借入的短期借款，无论用于哪个方面，只要借入了这项资金，就构成了一项负债。期末尚未归还的短期借款的本金，应反映在"资产负债表"的流动负债有关项目内。归还短期借款时，除了归还借入的本金外，还应支付利息。短期借款的利息，作为一项财务费用计入当期损益。

对于企业发生的短期借款，应设置"短期借款"科目进行总分类核算，并按借款人、贷款人和币种进行明细核算。短期借款的核算主要涉及三个方面：取得借款的处理、借款利息的处理、归还借款的处理。

企业借入的各种短期借款，借记"银行存款"科目，贷记"短期借款"科目，归还借款时做相反的会计分录。

资产负债表日，应按计算确定的短期借款利息费用，借记"财务费用"等科目，贷记"银行存款""应付利息"等科目。

（二）应付职工薪酬

职工薪酬指企业为获得职工提供的服务或解除劳动关系而给予的各种形式的报酬或补偿。职工薪酬包括短期薪酬、离职后福利、辞退福利和其他长期职工福利。企业提供给职工配偶、子女、受赡养人、已故员工遗属及其他受益人等的福利，也属于职工薪酬。这里所称的职工，是指与企业订立劳动合同的所有人员，含全职、兼职和临时职工，也包括虽未与企业订立劳动合同但由企业正式任命的人员。未与企业订立劳动合同或未由其正式任命，但向企业所提供服务与职工所提供服务类似的人员，也属于职工的范畴，包括通过企业与劳务中介公司签订用工合同而向企业提供服务的人员。

短期薪酬，是指企业在职工提供相关服务的年度报告期间结束后 12 个月内需要全部予以支付的职工薪酬，因解除与职工的劳动关系给予的补偿除外。短期薪酬具体包括：职工工资、奖金、津贴和补贴，职工福利费，医疗保险费、工伤保险费和生育保险费等社会保险费，住房公积金，工会经费和职工教育经费，短期带薪缺勤，短期利润分享计划，非货币性福利以及其他短期薪酬。带薪缺勤，是指企业支付工资或提供补偿的职工缺勤，包括年休假、病假、短期伤残、婚假、产假、探亲假等。利润分享计划，是指因职工提供服务而与职工达成的基于利润或其他经营成果提供薪酬的协议。

离职后福利，是指企业为获得职工提供的服务而在职工退休或与企业解除劳动关系后，提供的各种形式的报酬和福利，短期薪酬和辞退福利除外。

辞退福利，是指企业在职工劳动合同到期之前解除与职工的劳动关系，或者为鼓励职工自愿接受裁减而给予职工的补偿。

其他长期职工福利，是指除短期薪酬、离职后福利、辞退福利之外所有的职工薪酬，包括长期带薪缺勤、其他长期服务福利、长期残疾福利、长期利润分享计划和长期奖金计划等。

（三）应缴税费

企业必须按照国家规定履行纳税义务，对其经营所得依法缴纳各种税费。这些应缴税费应按照权责发生制原则进行确认、计提，在尚未缴纳之前暂时留在企业，形成一项负债（应该上缴国家暂未上缴国家的税费）。企业应通过"应交税费"科目，总括反映各种税费的缴纳情况，并按照应交税费项目进行明细核算。该科目的贷方登记应交纳的各种税费，借方登记已交纳的各种税费，期末贷方余额反映尚未交纳的税费；期末如为借方余额反映多交或尚未抵扣的税费。

应交税费包括企业依法交纳的增值税、消费税、所得税、资源税、土地增值税、城市维护建设税、房产税、土地使用税、车船税、教育费附加、矿产资源补偿费等税费，以及在上缴国家之前，由企业代收代缴的个人所得税等。应交税费核算规定如下：

第一，本科目核算企业按照税法规定计算应交纳的各种税费，包括增值税、消费税、所得税、资源税、土地增值税、城市维护建设税、房产税、土地使用税、车船税、教育费附加、矿产资源补偿费等。

第二，发生的房产税、车船税、土地使用税、印花税等借记"税金及附加"科目，贷记"应交税费"科目。

第三，本科目应当按照应交税费的税种进行明细核算。应交增值税还应分别对"进项税额""销项税额""出口退税""进项税额转出""已交税金"等设置专栏进行明细核算。

1. 增值税

增值税是对销售货物或者提供加工、修理修配劳务以及进口货物的单位和个人就其实现的增值额征收的一个税种。增值税是以商品（含应税劳务）在流转过程中产生的增值额作为计税依据而征收的一种流转税。从计税原理上说，增值税是对商品生产、流通、劳务服务中多个环节的新增价值或商品的附加值征收的一种流转税。

在实际当中，商品新增价值或附加值在生产和流通过程中是很难准确计算的。因此，中国也采用国际上普遍采用的税款抵扣的办法。即根据销售商品或劳务的销售额，按规定的税率计算出销售税额，然后扣除取得该商品或劳务时所支付的增值税款，也就是进项税额，其差额就是增值部分应交的税额。

2. 消费税

消费税是指在我国境内生产、委托加工和进口应税消费品的单位和个人，按其流转额缴纳的一种税。消费税有从价定率、从量定额、从价定率和从量定额（简称复合计税）三种征收方法。采取从价定率方法征收的消费税，以不含增值税的销售额为税基，按照税法规定的税率计算。企业的销售收入包含增值税的，应将其换算为不含增值税的销售额。采取从量定额计征的消费税，按税法确定的企业应税消费品的数量和单位应税消费品应缴纳的消费税计算确定。采取复合计税计征的消费税，由以不含增值税的销售额为税基，按照税法规定的税率计算的消费税和根据按税法确定的企业应税消费品的数量和单位应税消费品应缴纳的消费税计算的消费税合计确定。

3. 其他应缴税费

其他应缴税费是指除上述应缴税费以外的其他各种应上缴国家的税费，企业应当在"应缴税费"科目下设置相应的明细科目进行核算，贷方登记应缴纳的有关税费，借方登记已缴纳的有关税费，期末贷方余额，反映企业尚未缴纳的有关税费。

（1）资源税。资源税是对在我国境内开采矿产品或者生产盐的单位和个人征收的税。对外销售应税产品应缴纳的资源税应记入"税金及附加"科目，借记"税金及附加"科目，贷记"应缴税费——应缴资源税"科目；自产自用应税产品应缴纳的资源税应记入"生产成本""制造费用"等科目，借记"生产成本""制造费用"等科目，贷记"应缴税费——应缴资源税"科目。

（2）城市维护建设税。城市维护建设税是以增值税和消费税为计税依据征收的一种税。其纳税人为缴纳增值税和消费税的单位和个人，以纳税人实际缴纳的增值税和消费税税额为计税依据，并分别与两项税金同时缴纳。

（3）教育费附加。教育费附加是为了发展教育事业而向企业征收的附加费用，企业按应缴流转税的一定比例计算缴纳。企业按规定计算出应缴纳的教育费附加，借记"税金及附加"等科目，贷记"应缴税费——应缴教育费附加"科目。

（4）土地增值税。土地增值税是对转让国有土地使用权、地上的建筑物及其附着物（以下简称转让房地产）并取得增值性收入的单位和个人所征收的一种税。土地增值税按照转让房地产所取得的增值额和规定的税率计算征收。转让房地产的增值额是转让收入减去税法规定扣除项目金额后的余额，其中，转让收入包括货币收入、实物收入和其他收入；扣除项目主要包括取得土地使用权所支付的金额、开发土地的成本及费用、新建房及配套设施的成本及费用、与转让房地产有关的税金、旧房及建筑物的评估价格、财政部确定的其他扣除项目等。

根据企业对房地产核算方法不同，企业应缴土地增值税的账务处理也有所区别：企业转让的土地使用权连同地上建筑物及其附着物一并在"固定资产"科目核算的，转让时应缴的土地增值税，借记"固定资产清理"科目，贷记："应缴税费——应缴土地增值税"科目；土地使用权在"无形资产"科目核算的，借记"银行存款""累计摊销""无形资产减值准备"科目，按应缴的土地增值税，贷记"应缴税费——应缴土地增值税"科目，同时冲销土地使用权的账面价值，贷记"无形资产"科目，按其差额，借记"营业外支出"科目或贷记"营业外收入"科目；房地产开发经营企业销售房地产应缴纳的土地增值税，借记"税金及附加"科目，贷记"应缴税费——应缴土地增值税"科目。缴纳土地增值税，借记"应缴税费——应缴土地增值税"科目，贷记"银行存款"科目。

（5）房产税、城镇土地使用税、车船税和矿产资源补偿费。房产税是国家对在城市、县城、建制镇和工矿区征收的由产权所有人缴纳的一种税。没有房产原值作为依据的，由房产所在地税务机关参考同类房产核定；房产出租的，以房产租金收入为房产税的计税依据。

城镇土地使用税是以城市、县城、建制镇、工矿区范围内使用土地的单位和个人为纳税人，以其实际占用的土地面积和规定税额计算征收。

车船税是以车辆、船舶（简称车船）为课征对象，向车船的所有人或者管理人征收的一种税。

矿产资源补偿费是对在我国领域和管辖海域开采矿产资源而征收的费用。矿产资源补偿费按照矿产品销售收入的一定比例计征，由采矿人缴纳。

企业应缴的房产税、城镇土地使用税、车船税、矿产资源补偿费，记入"税金及附加"科目，借记"税金及附加"科目，贷记"应缴税费——应缴房产税或应缴城镇土地使用税、应缴车船税、应缴矿产资源补偿费"科目。

（6）个人所得税。企业职工按规定应缴纳的个人所得税通常由单位代扣代缴。企业按规定计算的代扣代缴的职工个人所得税，借记"应付职工薪酬"科目，贷记"应缴税费——应缴个人所得税"科目；企业缴纳个人所得税时，借记"应缴税费——应缴个人所得税"科目，贷记"银行存款"等科目。

（四）其他流动负债

1. 应付利息

应付利息是指企业按照合同约定应支付的利息，包括吸收存款、分期付息到期还本的长期借款、企业债券等应支付的利息。本科目可按存款人或债权人进行明细核算（应付利息与应计利息的区别是：应付利息属于借款，应计利息属于企业存款）。

资产负债表日，按摊余成本和实际利率计算确定的利息费用，借记"在建工程""财务费用""研发支出"等科目；按合同利率计算确定的应付未付利息，贷记"应付利息"；按借贷双方之间的差额，借记或贷记"长期借款——利息调整"等科目。

合同利率与实际利率差异较小的，也可以采用合同利率计算确定利息费用。实际支付利息时，借记"应付利息"科目，贷记"银行存款"等科目。

2. 应付股利

企业的应付股利，是指按协议规定应该支付给投资者的利润。由于企业的资金通常有投资者投入，因此，企业在生产经营过程中实现的利润，在依法纳税后，还必须向投资人分配利润。而这些利润在应付未付之前暂时留在企业内，构成了企业的一项负债。

在我国，股利的支付通常有两种基本形式，即现金股利和股票股利。所谓现金股利，是指企业以现金形式向股东派发的股利；而股票股利则是企业用增发的股票向股东派发的股利。当作股利发放的股票又称红股，俗称送股。

当企业股东大会决议确定分配现金股利时，自宣告之日起，应付的股利就构成企业的一项流动负债；如果股东大会决议确定发放股票股利，则并不构成企业的负债，因为它只是从未分配利润转增股本，是企业权益内部的一种变化，不会引起任何含有经济利益的资源外流。因此，按会计制度规定，设置"应付股利"科目，核算内容为企业股东大会决议确定分配的现金股利，而企业分配的股票股利，在正式办理增资手续以前，只需在备查簿中作相应登记，不需要作正式的账务处理。

通常，企业派发现金股利需经历两个步骤或阶段：首先，企业股东大会决议确定并宣告股利分配方案，这时，按应支付的现金股利，借记"利润分配—应付股利"科目，贷记"应付股利"科目；然后，企业如数拨出一笔现款存入受托的证券公司或银行，用于实际支付股东的现金股利，此时，借记"应付股利"科目，贷记"库存现金""银行存款"等科目。

3. 其他应付款

其他应付款是指企业在商品交易业务以外发生的应付和暂收款项。指企业除应付票据、应付账款、应付工资、应付利润等以外的应付、暂收其他单位或个人的款项。

企业采用售后回购方式融资的，应按实际收到的金额，借记"银行存款"科目，贷记"其他应付款"科目。回购价格与原销售价格之间的差额，应在售后回购期间内按期计提利息费用，借记"财务费用"科目，贷记"其他应付款"科目。按照合同约定购回该项商品时，应按实际支付的金额，借记"其他应付款"科目，贷记"银行存款"科目。

企业发生的其他各种应付、暂收款项，借记"管理费用"等科目，贷记"其他应付款"科目；支付的其他各种应付、暂收款项，借记"其他应付款"科目，贷记"银行存款"等科目。

二、非流动负债

（一）长期借款

长期借款是指企业向银行或其他金融机构借入的期限在一年以上（不含一年）或超过

一年的一个营业周期以上的各项借款。我国股份制企业的长期借款主要是向金融机构借入的各项长期性借款，如从各专业银行、商业银行取得的贷款；除此之外，还包括向财务公司、投资公司等金融企业借入的款项。长期借款的有关账务处理为：企业借入各种长期借款，按实际收到的款项，借记"银行存款"科目；按借款本金，贷记"长期借款——本金"科目；按其差额，借记"长期借款——利息调整"科目。

在资产负债表日，企业应按长期借款的摊余成本和实际利率计算确定的长期借款的利息费用，借记"在建工程""财务费用""制造费用"等科目；按借款本金和合同利率计算确定的应付未付利息，贷记"应付利息"科目（对于一次还本付息的长期借款，贷记"长期借款——应计利息"科目）；按其差额，贷记"长期借款——利息调整"科目。企业归还长期借款，按归还的长期借款本金，借记"长期借款——本金"科目；按转销的利息调整金额，贷记"长期借款——利息调整"科目；按实际归还的款项，贷记"银行存款"科目；按其差额，借记"在建工程""财务费用""制造费用"等科目。

（二）应付债券

债券是企业依照法定程序发行，约定在一定期限内还本付息的有价证券。应付债券就是企业在记账时的一个会计科目，即发行债券的企业在到期时应付钱给持有债券的人（包括本钱和利息）。

1. 一般公司债券

（1）公司债券的发行。企业发行的一年期以上的债券，构成了企业的长期负债。公司债券的发行方式有三种：面值发行、溢价发行、折价发行。假设不考虑其他条件，债券的票面利率高于市场利率时，可按超过债券票面价值的价格发行，称为溢价发行，溢价是企业以后各期多付利息而事先得到的补偿；如果债券的票面利率低于市场利率，可按低于债券票面价值的价格发行，称为折价发行，折价是企业以后各期少付利息而预先给投资者的补偿；如果债券的票面利率与市场利率相同，可按票面价值的价格发行，称为面值发行。溢价或折价实质上是发行债券企业在债券存续期内对利息费用的一种调整。

无论是按面值发行，还是溢价发行或折价发行，企业均应按债券面值记入"应付债券——面值"科目，实际收到的款项与面值的差额记入"应付债券——利息调整"科目。企业发行债券时，按实际收到的款项，借记"银行存款"等科目，按债券票面价值，贷记"应付债券——面值"科目，按实际收到的款项与票面价值之间的差额，贷记或借记"应付债券——利息调整"科目。

（2）利息调整的摊销。利息调整应在债券存续期间内采用实际利率法进行摊销。企业发行的债券通常分为到期一次还本付息和分期付息、一次还本两种。在资产负债表日，对于分期付息、一次还本的债券，企业应按应付债券的摊余成本和实际利率计算确定的债券利息费用，借记"在建工程""制造费用""财务费用"等科目；按票面利率计算确定的应付未付利息，贷记"应付利息"科目；按其差额，借记或贷记"应付债券——利息调整"科目。

（3）债券的偿还。采用一次还本付息方式的，企业应于债券到期支付债券本息时，借记"应付债券——面值""应付债券——应计利息"科目，贷记"银行存款"科目。采用一次还本、分期付息方式的，在每期支付利息时，借记"应付利息"科目，贷记"银行存款"科目；债券到期偿还本金并支付最后一期利息时，借记"应付债券——面值""在建工程""财务费用"科目；按其差额，借记或贷记"应付债券——利息调整"科目。

2. 可转换公司债券

我国发行可转换公司债券采取记名式无纸化发行方式。企业发行的可转换公司债券，既含有负债成分又含有权益成分，应当在初始确认时将负债和权益成分进行分拆，分别进行处理。企业在进行分拆时，应当先确定负债成分的公允价值并以此作为其初始确认金额，确认为应付债券；再按照该可转换公司债券整体的发行价格扣除负债成分初始确认金额后的金额确定权益成分的初始确认金额，确认为资本公积。负债成分的公允价值是合同规定的未来现金流量按一定利率折现的现值。其中，利率根据市场上具有可比信用等级并在相同条件下提供几乎相同的现金流量，但不具有转换权的工具的适用利率确定。发行该可转换公司债券发生的交易费用，应当在负债成分和权益成分之间按照其初始确认金额的相对比例进行分摊。企业发行可转换公司债券的有关账务处理如下：

企业发行的可转换公司债券在"应付债券"科目下设置"可转换公司债券"明细科目核算。企业应按实际收到的款项，借记"银行存款"等科目，按可转换公司债券包含的负债成分面值，贷记"应付债券——可转换公司债券——面值"科目；按权益成分的公允价值，贷记"其他权益工具"科目；按其差额，借记或贷记"应付债券——可转换公司债券——利息调整"科目。对于可转换公司债券的负债成分，在转换为股份前，其会计处理与一般公司债券相同，即按照实际利率和摊余成本确认利息费用，按照面值和票面利率确认应付债券或应付利息，差额作为利息调整。

可转换公司债券持有人行使转换权利，将其持有的债券转换为股票的，按可转换公司债券的余额，借记"应付债券——可转换公司债券——面值"科目，借记或贷记"应付债券——可转换公司债券——利息调整"科目；按其权益成分的金额，借记"其他权益工具"科目；按股票面值和转换的股数计算的股票面值总额，贷记"股本"科目；按其差额，贷记"资本公积——股本溢价"科目。如用现金支付不可转换股票的部分，还应贷记"库存现金""银行存款"等科目。

企业发行附有赎回选择权的可转换公司债券，其在赎回日可能支付的利息补偿金，即债券约定赎回期届满日应当支付的利息减去应付债券票面利息的差额，应当在债券发行日至债券约定赎回届满日期间计提应付利息，计提的应付利息分别计入相关资产成本或财务费用。

（三）长期应付款

长期应付款，是企业除长期借款和应付债券以外的其他各种长期应付款项，包括应付融资租入固定资产的租赁费、具有融资性质的延期付款购买资产发生的应付款项等。

租赁指在约定的期间内，出租人将资产使用权让与承租人，以获取租金的协议。租赁的主要特征是转移资产的使用权，而不是转移资产的所有权，并且这种转移是有偿的，取得使用权以支付租金为代价，从而使租赁有别于资产购置和不把资产的使用权从合同的一方转移给另一方的服务性合同，如劳务合同、运输合同、保管合同、仓储合同等，以及无偿提供使用权的借用合同。

承租人应当在租赁开始日将租赁分为融资租赁和经营租赁。租赁开始日，是指租赁协议日与租赁各方就主要条款做出承诺日中的较早者。在租赁开始日，承租人应当将租赁认定为融资租赁或经营租赁，并确定在租赁期开始日应确认的金额。

企业对租赁进行分类时，应当全面考虑租赁期届满时租赁资产所有权是否转移给承租人、承租人是否有购买租赁资产的选择权、租赁期占租赁资产使用寿命的比例等各种因素。租赁期是指租赁协议规定的不可撤销的租赁期间。如果承租人有权选择续租该资产，并且在租赁开始日就可以合理确定承租人将会行使这种选择权，不论是否再支付租金，续租期也包括在租赁期之内。

具体地说，满足下列标准之一的，应认定为融资租赁：

（1）在租赁期届满时，资产的所有权转移给承租人。如果在租赁协议中已经约定，或者根据其他条件在租赁开始日就可以合理地判断，租赁期届满时出租人会将资产的所有权转移给承租人，那么该项租赁应当认定为融资租赁。

（2）承租人有购买租赁资产的选择权，所订立的购价预计远低于行使选择权时租赁资产的公允价值，因而在租赁开始日就可合理地确定承租人将会行使这种选择权。

（3）租赁期占租赁资产使用寿命的大部分。这里的"大部分"掌握在租赁期占租赁开始日租赁资产使用寿命的75%以上（含75%）。需要注意的是，这条标准强调的是租赁期占租赁资产使用寿命的比例，而非租赁期占该项资产全部可使用年限的比例。如果租赁资产是旧资产，在租赁前已使用年限超过资产自全新时起算可使用年限的75%以上（含75%）时，则这条判断标准不适用，不能使用这条标准确定租赁的分类。

（4）就承租人而言，租赁开始日最低租赁付款额的现值几乎相当于租赁开始日租赁资产的公允价值。这里的"几乎相当于"掌握在90%（含90%）以上。需要说明的是，这里的量化标准只是指导性标准，企业在具体运用时，必须以租赁准则规定的相关条件判断。

最低租赁付款额，是指在租赁期内，承租人应支付或可能被要求支付的款项（不包括或有租金和履约成本），加上由承租人或与其有关的第三方担保的资产余值。

承租人有购买租赁资产选择权，所订立的购买价款预计将远低于行使选择权时租赁资产的公允价值，因而在租赁开始日就可以合理确定承租人将会行使这种选择权的，购买价款应当计入最低租赁付款额。

（5）租赁资产性质特殊，如果不做较大改造，只有承租人才能使用。这条标准是指，租赁资产是出租人根据承租人对资产型号、规格等方面的特殊要求专门购买或建造的，具有专购、专用性质。这些租赁资产如果不做较大的重新改制，其他企业通常难以使用。这种情况下，该项租赁也应当认定为融资租赁。

第三章 企业财务会计管理（二）

第一节 所有者权益

一、所有者权益内涵阐释

所有者权益是指企业资产扣除负债后由所有者享有的剩余权益。股份公司的所有者权益又称为股东权益。所有者权益来源于所有者投入的资本、其他综合收益、留存收益等。

1. 所有者权益的特征：①除非发生减资、清算或分派现金股利，企业不需要偿还所有者权益；②企业清算时，只有在清偿所有的负债后，所有者权益才返还给所有者；③所有者凭借所有者权益能够参与企业利润的分配。

2. 所有者权益与债权人权益（负债）的区别：①所有者权益在企业经营期内可供企业长期、持续使用，企业不必向投资人返还资本金；而负债需按期返还给债权人，成为企业的负担。②企业所有人凭其对企业投入的资本，享受税后分配利润的权益。所有者权益是企业分配税后净利润的主要依据；而债权人除按规定取得利息外，无权分配企业的盈利。③企业所有人有权行使企业的经营管理权，或者授权管理人员行使经营管理权；但债权人并没有经营管理权。④企业的所有者对企业的债务和亏损负有无限的责任或有限的责任；而债权人对企业的其他债务不发生关系，一般也不承担企业的亏损。

3. 所有者权益的分类：所有者权益按其核算的内容和要求，可分为实收资本（或股本）、资本公积、其他综合收益、盈余公积和未分配利润等部分。其中，盈余公积和未分配利润统称为留存收益。

二、实收资本（股本）

（一）实收资本的确认

实收资本（股本）是指企业按照章程规定或合同、协议约定，接受投资者投入企业的资本。我国《公司法》规定，股东可以货币资金的方式出资，也可以材料物资、固定资产等实物资产的方式出资，符合国家规定的还可以知识产权、土地使用权等无形资产的方式出资；但是，法律、行政法规规定不得作为出资的财产除外。但是需要注意的是，不论以何种方式出资，全体股东的货币出资金额不得低于有限责任公司注册资本的30%，而且，投资者如在投资过程中违反投资合约或协议约定，不按规定如期缴足出资额，企业可以依法追究投资者的违约责任。

实收资本的构成比例即投资者的出资比例或股东的股份比例，通常是确定所有者在企业所有者权益中所占的份额和参与企业生产经营决策的基础，也是企业进行利润分配或股利分配的依据，同时还是企业清算时确定所有者对净资产的要求权的依据。

（二）实收资本的计量

为了反映和监督投资者投入资本的增减变动情况，有限责任公司应设置"实收资本"账户（股份有限公司应设置"股本"账户）。该账户属于所有者权益类，贷方反映企业实际收到投资者投入的资本；借方反映企业按法定程序减资时所减少的注册资本数额；期末余额在贷方，表示企业期末实有的资本或股本。该账户可按投资者设置明细分类账，进行明细分类核算。

1. 接受现金资产投资

（1）股份有限公司以外的企业接受现金资产投资。企业接受现金资产投资时，应以实际收到的金额或存入企业开户银行的金额，借记"银行存款"等科目，按投资合同或协议约定的投资者在企业注册资本中所占份额的部分，贷记"实收资本"科目，企业实际收到或存入开户银行的金额超过投资者在企业注册资本中所占份额的部分，贷记"资本公积——资本溢价"科目。

（2）股份有限公司接受现金资产投资。股份有限公司的全部资本由等额股份构成，并通过发行股票筹集资本。股票是指股份有限公司发行的、证明股东按其股份享有权利和承担义务的凭证。股份有限公司应在核定的股本总数和核定的股份总数范围内发行股票。股份有限公司发行股票时，既可以按面值价格平价发行，也可以按高于面值的价格溢价发行。按照《公司法》的规定，股票发行价格不得低于面值，即我国不允许折价发行股票。股份有限公司发行股票时，应按实际收到的金额，借记"银行存款"等科目，按每股股票面值和发行股份总数的乘积计算的金额，贷记"股本"科目，实际收到的金额与该股本之间的差额，贷记"资本公积——股本溢价"科目。

2. 接受非现金资产投资

企业接受非现金投资时，应按投资合同或协议约定的价值（不公允的除外）作为非现金资产的入账价值，按投资合同或协议约定的投资者在企业注册资本或股本中所占份额的部分作为实收资本或股本入账，投资合同或协议约定的价值（不公允的除外）超过投资者在企业注册资本或股本中所占份额的部分，计入资本公积。

（1）接受投入固定资产。企业接受投资者作价投入的房屋、建筑物、机器设备等固定资产，应按投资合同或协议约定的价值，借记"固定资产"账户；按增值税专用发票上注明的增值税税额，借记"应交税费——应交增值税（进项税额）"账户；按其在注册资本中应享有的份额，贷记"实收资本"账户。如果双方确认的价值大于其在注册资本中应享有的份额，应将其差额记入"资本公积"账户。

（2）接受投入材料物资。企业接受投资者作价投入的材料物资，应按投资合同或协议约定的价值确定材料物资价值（但投资合同或协议约定价值不公允的除外），借记"原材料"科目；按增值税专用发票上注明的增值税税额，借记"应交税费——应交增值税（进项税额）"科目；按其在注册资本中应享有的份额，贷记"实收资本"科目；按其差额，贷记"资本公积"科目。

（3）接受投入无形资产。企业收到投资者作价投入的专利权、土地使用权、非专利技术等无形资产，应按投资合同或协议约定的价值确定无形资产的价值（但投资合同或协议约定的价值不公允的除外），借记"无形资产"科目；按增值税专用发票上注明的增值税税额，借记"应交税费——应交增值税（进项税额）"科目；按其在注册资本中应享有的份额，贷记"实收资本"科目。如果双方确认的价值大于其在注册资本中应享有的份额，应将其差额记入"资本公积"科目。

3. 实收资本的增减变动

我国有关法律规定，在一般情况下，企业的实收资本应相对固定不变，但在下列特定情况下，实收资本也可能发生增减变：一是符合增资条件并经有关部门批准增资；二是企业按法定程序报经批准减少注册资本。我国企业法人登记管理条例规定，除国家另有规定外，企业的注册资金应当与实收资本相一致，当实收资本比原注册资金增加或减少的幅度超过 20% 时，应持资金使用证明或者验资证明，向原登记主管机关申请变更登记。如擅自改变注册资本或抽逃资金，要受到工商行政管理部门的处罚。

（1）实收资本（或股本）的增加。一般企业增加资本主要有三个途径：①接受投资者追加投资。在企业按规定接受投资者追加投资时，企业应按实际收到的货币资金或其他资产，借记"银行存款""固定资产""无形资产"等账户，按增加的实收资本（股本）金额，贷记"实收资本（股本）"账户，按两者的差额，贷记"资本公积"账户。②资本公积转增资本。企业采用资本公积转增资本时，按转增的金额，借记"资本公积"账户，贷记"实收资本（或股本）"账户。如果是独资企业，直接结转即可，但如果是股份有限公司或有限责任公司，应按原投资者各自出资比例相应增加各投资者的实收资本（或股本）。③盈余公积转增资本。企业采用盈余公积转增资本时，按转增的金额，借记"盈余公积"账户，贷记"实收资本（或股本）"账户。如果是独资企业，直接结转即可，但如果是股份有限公司或有限责任公司，应按原投资者各自出资比例相应增加各投资者的实收资本（或股本）。

（2）实收资本（或股本）的减少。企业应按法定程序报经批准减少实收资本的，按减少的注册资本金额减少实收资本。股份有限公司采用收购本公司股票方式减资的，通过"库存股"科目核算回购股份的金额。收购本公司股票时，应按实际支付的金额借记"库存股"科目，贷记"银行存款"科目。根据法定程序报经批准注销股本时，按股票面值和注销股数计算的股票面值总额冲减股本，借记"股本"科目；按注销库存股的账面余额，贷记"库存股"科目；按其差额，借记"资本公积——股本溢价"科目。股本溢价不足冲减的，应借记"盈余公积""利润分配——未分配利润"科目。如果购回股票支付的价款低于面值总额的，应按股票面值总额，借记"股本"科目；按注销库存股的账面余额，贷记"库存股"科目；按其差额，贷记"资本公积——股本溢价"科目。

三、资本公积

（一）资本公积的确认

资本公积包括资本溢价（或股本溢价）和其他资本公积等。

资本溢价（或股本溢价）是指企业收到投资者出资额超出其在注册资本（或股本）中所占份额的部分；形成资本溢价（或股本溢价）的原因有溢价发行股票、投资者超额缴入资本等。

其他资本公积是指除净损益、其他综合收益和利润分配以外所有者权益的其他变动。如企业的长期股权投资采用权益法核算时，因被投资单位除净损益、其他综合收益和利润分配以外的所有者权益的其他变动，投资企业按应享有份额而增加或减少的资本公积。

资本公积和实收资本（或股本）不同，实收资本（或股本）体现了企业所有者对企业的基本产权关系，而资本公积并不能直接体现。另外，实收资本（或股本）的构成比例是确定所有者参与企业财务经营决策、企业进行利润分配或股利分配，以及清算时对净资产的要求权的依据，而资本公积并没有这些用途，在我国，资本公积主要是用来转增资本（或股本）。

（二）资本公积的计量

为了核算企业资本公积的增减变动情况，企业应设置"资本公积"账户。该账户属于所有者权益类，贷方核算企业资本公积增加数；借方反映企业资本公积减少数；期末余额在贷方，表示企业期末实有的资本公积。为了反映各类不同性质的资本公积的增减变动情况，该账户应设置"资本溢价（或股本溢价）""其他资本公积"等明细账户进行明细核算。

1. 资本溢价（或股本溢价）

（1）资本溢价。资本溢价是指投资者的出资额大于该投资者在企业注册资本中所占有份额的数额。除股份有限公司外的其他类型的企业，在企业创立时，投资者认缴的出资额与注册资本一致，一般不会产生资本溢价。但在企业重组或有新的投资者加入时，常常会出现资本溢价。原因在于：第一，在企业进行正常生产经营后，其资本利润率通常要高于企业初创阶段；第二，企业有内部积累，新投资者加入企业后，对这些积累也要分享，新加入的投资者往往要付出大于原投资者的出资额，才能取得与原投资者相同的出资比例。企业接受投资者投资资产的金额超过投资者在企业注册资本中所占份额的部分，通过"资本公积——资本溢价"账户核算。

（2）股本溢价。股份有限公司是以发行股票的方式筹集股本，股东按其所持企业股份享有权利和承担义务。股票可按面值发行，也可按溢价发行，我国目前不允许折价发行。在按面值发行股票的情况下，企业发行股票取得的收入，应全部记入"股本"账户；在溢价发行股票的情况下，企业发行股票取得的收入，等于股票面值的部分记入"股本"账户，超出股票面值的溢价收入（含发行股票冻结期间所产生的利息收入）扣除发行中支付给代理商的手续费等记入"资本公积——股本溢价"账户。发行股票相关的手续费、佣金等交易费用，如果是溢价发行股票的，应从溢价中抵扣，冲减资本公积（股本溢价）；无溢价发行股票或溢价金额不足以抵扣的，应将不足抵扣的部分冲减盈余公积和未分配利润。

2. 其他资本公积

其他资本公积是指除资本（股本）溢价以外原因形成的资本公积。本书以因被投资单位除净损益、其他综合收益和利润分配以外的所有者权益的其他变动为例，介绍相关的其他资本公积的核算。

企业对被投资单位的长期股权投资采用权益法核算的，在持股比例不变的情况下，对因被投资单位除净损益、其他综合收益和利润分配以外的所有者权益的其他变动，应按持股比例计算其应享有或应分担被投资单位所有者权益的增减数额。在处置长期股权投资时，应转销与该笔投资相关的其他资本公积。

3. 资本公积转增资本

经股东大会或类似机构决议，用资本公积转增资本时，应冲减资本公积，同时按照转增资本前的实收资本（或股本）的结构或比例，将转增的金额记入"实收资本"（或"股本"）科目下各所有者的明细分类账。

四、留存收益

（一）留存收益的确认

留存收益是指企业从历年实现的利润中提取或形成的留存于企业的内部积累，包括盈余公积和未分配利润两类。其中，盈余公积是有特定用途的累计盈余；未分配利润是没有指定用途的累计盈余。

1. 盈余公积

盈余公积是指企业按照有关规定从净利润中提取的积累资金，一般分为两种：

（1）法定盈余公积。按照《公司法》的有关规定，公司制企业应按照净利润（减弥补以前年度亏损，下同）的10%提取法定盈余公积。非公司制企业法定盈余公积的提取比例可超过净利润的10%。法定盈余公积累计额已达注册资本的50%时，可以不再提取。

（2）任意盈余公积。公司制企业可根据股东会或股东大会的决议提取任意盈余公积。非公司制企业经类似权力机构批准，也可提取任意盈余公积。法定盈余公积和任意盈余公积的区别在于其各自计提的依据不同，前者以国家的法律法规为依据；后者由企业的权力机构自行决定。企业提取的盈余公积经批准可用于弥补亏损、转增资本、发放现金股利或利润等。

2. 未分配利润

未分配利润是经过弥补亏损、提取法定盈余公积、提取任意盈余公积和向投资者分配利润等利润分配之后剩余的利润，也就是指截至本年度累计未分配的利润，包括企业以前年度累计的尚未分配的利润以及本年度的未分配利润数。相对于所有者权益的其他部分来说，企业对于未分配利润的使用有较大的自主权。

（二）留存收益的计量

1. 盈余公积

为了反映和监督盈余公积的提取和使用等增减变动情况，企业应设置"盈余公积"账户。该账户属于所有者权益类，贷方登记企业提取的盈余公积，借方登记企业使用的盈余公积，期末余额在贷方，表示企业盈余公积的实有数。"盈余公积"账户下分别设置"法定盈余公积""任意盈余公积"等进行明细核算。

（1）盈余公积的计提。企业按规定提取盈余公积时，应借记"利润分配——提取法定盈余公积（或提取任意盈余公积）"科目，贷记"盈余公积——法定盈余公积（或任意盈余公积）"科目。

（2）盈余公积的使用：①弥补亏损。企业用盈余公积弥补亏损时，应借记"盈余公积"科目，贷记"利润分配——盈余公积补亏"科目。②转增资本。企业将盈余公积转增资本时，必须经股东大会决议批准。在实际将盈余公积转增资本时，要按原有持股比例结转。按照《公司法》的规定，法定公积金（资本公积和盈余公积）转为资本时，所留存的该项公积金不得少于转增前公司注册资本的25%。③发放现金股利或利润。企业经股东大会或类似机构批准，用盈余公积向股东或投资者派发现金股利或利润时，借记"盈余公积"科目，贷记"应付股利"科目；实际支付现金股利或利润时，借记"应付股利"科目，贷记"银行存款"等科目。

2. 利润分配

利润分配是指企业根据国家有关规定和企业章程、投资者协议等，对企业当年可供分配的利润所进行的分配。

可供分配的利润=当年实现的净利润（或净亏损）+年初未分配利润（或-年初未弥

补亏损）+其他转入（3-1）

利润分配的顺序依次是：①提取法定盈余公积；②提取任意盈余公积；③向投资者分配利润。

为了反映和监督企业利润的分配（或亏损的弥补）和历年分配（或弥补）后的未分配利润（或未弥补亏损），企业应设置"利润分配"账户。该账户属于所有者权益类。年度终了，企业应将全年实现的净利润或发生的净亏损，自"本年利润"科目转入"利润分配——未分配利润"科目，并将"利润分配"科目所属其他明细科目的余额，转入"未分配利润"明细科目。结转后，"利润分配——未分配利润"科目如为贷方余额，表示累积未分配的利润数额；如为借方余额，则表示累积未弥补的亏损数额。该科目应分别"提取法定盈余公积""提取任意盈余公积""应付现金股利或利润""盈余公积补亏""未分配利润"等进行明细核算。

第二节　收入、费用与利润

一、收入

下面所讲的收入（revenue）是会计期间内经济利益的总流入，其表现形式为资产增加或负债减少而引起的所有者权益增加，但不包括与所有者出资、直接计入所有者权益的其他综合收益增加等有关的资产增加或负债减少。收入包括营业收入、投资收益、公允价值变动收益、资产处置收益、其他收益和营业外收入等。营业收入是指企业在从事销售商品、提供服务（包含各项劳务，下同）等日常经营业务过程中取得的收入；投资收益是指企业在从事各项对外投资活动中取得的净收入（各项投资业务取得的收入大于其成本的差额）；公允价值变动收益是指交易性金融资产等公允价值变动形成的收益；资产处置收益主要是指固定资产、在建工程以及无形资产等处置产生的收益；其他收益主要是指计入营业利润的政府补助等；营业外收入是指企业在营业利润以外取得的与企业日常活动无关的政府补助、接受捐赠收入等。

（一）企业营业收入

1. 企业营业收入的类型划分

（1）按经济业务的内容分类，营业收入可分为销售商品取得的收入、提供服务取得的收入等。《企业会计准则第 14 号——收入》（2017）所规范的收入，包括《企业会计准则第 14 号——收入》（2006）和《企业会计准则第 15 号——建造合同》（2006）所规范的收入。建造合同收入可视为企业提供服务所取得收入的一种特殊类型。

（2）按经济业务的核心性分类，营业收入可分为主营业务收入和其他业务收入。主营业务收入是指企业开展核心性业务取得的收入，是利润形成的主要来源。不同行业主营业务收入的表现形式有所不同。工业企业的主营业务收入是指销售商品（产成品）、自制半成品以及提供代制代修等服务取得的收入，称为产品销售收入；商品流通企业的主营业务收入是销售商品取得的收入，称为商品销售收入。其他业务收入是指企业在生产经营过程中开展非核心性业务取得的收入，如工业企业出售原材料取得的收入等。

（3）按收入确认的期间分类，营业收入可分为跨期收入和非跨期收入。跨期收入是指某项经济业务的总收入需要在多个会计期间内分期确认的收入；非跨期收入是指某项经济业务的总收入在一个会计期间内一次性确认的收入。

2. 企业营业收入的确认

营业收入的确认有不同的方式。《企业会计准则第 14 号——收入》（2017）关于营业收入确认的核心原则为：营业收入的确认方式应当反映企业向客户转让商品或服务的模式。该准则更强调客户合同的履约义务，规定企业应当在履行了合同中的履约义务时确认营业收入。履约义务是指合同中企业向客户销售商品、提供服务等的承诺，既包括合同中明确的承诺，也包括由于企业已公开宣布的政策、特定声明或以往的习惯做法等导致合同订立时客户合理预期企业将履行的承诺。

（1）营业收入的确认条件。当企业与客户之间的合同同时满足这些条件时，企业应当在客户取得相关商品控制权时确认营业收入：①合同各方已批准该合同并承诺将履行各自义务；②该合同明确了合同各方与所销售商品或提供服务等相关的权利和义务；③该合同有明确的与所销售商品或提供服务等相关的支付条款；④该合同具有商业实质，即履行该合同将改变企业未来现金流量的风险、时间分布或金额；⑤企业因向客户销售商品或提供服务等而有权取得的对价很可能收回。

同时满足上述条件，说明企业取得了内容完整、合法有效的具有商业实质的合同，且很可能收到相关价款，在这种情况下，企业履行了合同中的履约义务，即客户取得相关商品控制权时，企业可以确认营业收入。需要说明的是，大多数企业在经营活动中均需与客户签订销售合同。

（2）营业收入的确认时间。根据履约义务的时间，营业收入的确认分为在某一时段内分期确认和在某一时点确认。

1）在某一时段内分期确认营业收入。在某一时段内分期确认营业收入是指一份合同所提供的商品或服务涉及多个会计期间，需要分期确认收入。合同开始日，企业应当对合同进行评估，识别该合同所包含的履约义务。满足下列条件之一的，属于在某一时段内履行履约义务；否则，属于在某一时点履行履约义务：①客户在企业履约的同时即取得并消耗企业履约所带来的经济利益；②客户能够控制企业履约过程中在建的商品或服务等；③企业履约过程中所产出的商品或服务等具有不可替代用途，且该企业在整个合同期间内有权就累计至今已完成的履约部分收取款项。具有不可替代用途是指因合同限制或实际可行性限制，企业不能轻易地将商品或服务等用于其他用途；有权就累计至今已完成的履约部分收取款项是指在由于客户或其他方原因终止合同的情况下，企业有权就累计至今已完成的履约部分收取能够补偿其已发生成本和合理利润的款项，并且该权利具有法律约束力。

2）在某一时点确认营业收入。对于在某一时点履行的履约义务，企业应当在客户取得相关商品或服务等控制权的时点确认收入。在判断客户是否已取得商品或服务等控制权时，企业应当考虑的迹象：①企业就该商品或服务等享有现时收款权利，即客户就该商品或服务负有现时付款义务；②企业已将该商品或服务等的法定所有权转移给客户，即客户已拥有该商品等的法定所有权；③企业已将该商品实物转移给客户，即客户已实物占有该商品；④企业已将该商品等所有权上的主要风险和报酬转移给客户，即客户已取得该商品或服务等所有权上的主要风险和报酬；⑤客户已接受该商品或服务等；⑥其他表明客户已取得商品或服务等控制权的迹象。需要说明的是，"企业已将该商品实物转移给客户""客户已接受该商品"，需要根据具体情况确定。如果企业已公开宣布的政策、特定声明或以往的习惯做法等能够证明业务发生时企业已经履行了承诺的履约义务，则可以视为客户已接受该商品，否则应在客户签收商品时才能确认履行了承诺的履约义务。

3. 企业营业收入的计量

营业收入的计量需要遵循一定的原则。《企业会计准则第 14 号——收入》（2017）关于营业收入计量的核心原则为：计量的金额应反映企业预计因交付这些商品或服务而有权获得的对价。企业应当按照各单项履约义务的交易价格计量营业收入。交易价格是指企业因向客户销售商品或提供服务等而预期有权收取的对价金额。企业代第三方收取的款项以及企业预期将退还给客户的款项，应当作为负债进行会计处理，不计入交易价格。企业应当根据合同条款，并结合以往的习惯做法确定交易价格。在确定交易价格时，企业应当考虑合同中存在的可变对价、重大融资成分、应付客户对价等因素的影响。

（1）存在可变对价。可变对价是指对最终交易价格产生影响的不确定的对价，例如，赊销商品承诺给予客户的现金折扣等。合同中存在可变对价的，企业应当按照期望值或最可能发生金额确定可变对价的最佳估计数。每一资产负债表日，企业应当重新估计应计入交易价格的可变对价金额。可变对价金额发生变动的，对于已履行的履约义务，后续变动额应当调整变动当期的营业收入。

（2）存在重大融资成分。重大融资成分是指销售商品或提供服务等收款期较长导致分期收款的总对价高于其现销价格的差额。企业与客户签订的合同中存在重大融资成分的，应当按照假定客户在取得商品控制权时即以现金支付的应付金额确定交易价格。该交易价格与合同对价之间的差额，应当在合同期间内采用实际利率法摊销。但合同开始日，企业预计客户取得商品控制权与客户支付价款间隔不超过一年的，根据重要性要求，可以不考虑合同中存在的融资成分，分期收款总额即为交易价格。

（3）存在应付客户对价。应付客户对价是指企业销售商品明确承诺给予客户的优惠等。企业与客户签订的合同含有应付客户对价的，应当将该应付对价冲减交易价格，并在确认相关收入与支付客户对价二者孰晚的时点冲减当期收入。

需要说明的是，如果应付客户对价是为了向客户取得其他可明确区分的商品，则企业应当采用与本企业采购其他商品相一致的方式确认所取得的商品。企业应付客户对价超过向客户取得可明确区分商品公允价值的，超过金额应当冲减交易价格。向客户取得的可明确区分商品公允价值不能合理估计的，企业应当将应付客户对价全额冲减交易价格。

4. 企业营业收入确认与计量核心原则的应用流程

营业收入确认与计量的核心原则是指企业确认收入的方式应反映向客户转让商品或服务的模式，而计量的金额应反映主体预计因交付这些商品或服务而有权获得的对价。根据营业收入确认与计量的核心原则，综合前述营业收入确认与计量的具体内容，企业可以通过下列流程确认与计量营业收入：

（1）识别客户合同。合同是指双方或多方之间达成的确立可执行权利和义务的协议。识别客户合同是指识别合同各方是否已批准该合同并承诺将履行各自义务。在同一客户与企业签订多项合同且合同内容基本相同的情况下，企业可以将多项合同合并并将其作为单个合同进行会计处理。

（2）识别合同中的单项履约义务。合同包括向客户转让商品或服务的承诺。如果该商品或服务可明确区分，则对应的承诺即为单项履约义务；另外还要识别该单项履约义务是在一段时期内分期履行，还是在某一时点履行，企业应根据不同情况分别进行会计处理。该商品或服务可明确区分是指客户能够从单独使用某项商品（或服务）或将其与客户易于获得的其他资源一起使用中获益，且企业向客户转让该商品或服务的承诺可与合同中的其他承诺单独区分。

（3）确定交易价格。交易价格一般是固定的对价金额，但有时也可能包含可变对价、重大融资成分及应付客户对价等，企业应考虑这些因素，确定最终交易价格。

（4）将交易价格分摊至合同中的各单项履约义务。如果交易价格为多项履约义务的对价之和，则应按照一定标准将交易价格分摊至各单项履约义务。分配标准一般为各单项履约义务的市场价格；如果无法取得各单项履约义务的市场价格，也可以将各单项履约义务的预计成本作为分配标准。

（5）企业在履行了履约义务时确认收入。企业应在履行了向客户转让已承诺的商品或服务的履约义务时确认营业收入，营业收入的计量金额为分摊至已履行的履约义务的金额。

需要说明的是，上述步骤主要是针对复杂业务的营业收入确认与计量。但是，企业大部分业务为简单业务，如为简单业务，有些步骤不一定存在，则不需要完全按照上述步骤进行营业收入的确认与计量。

（二）企业营业收入与企业营业成本

1. 企业销售商品或出售原材料的一般业务

企业销售商品应在符合销售商品收入的确认条件时确认销售收入，并结转销售成本。应根据具体情况，借记“银行存款”“应收票据”“应收账款”等科目；根据不含增值税价款，贷记“主营业务收入”科目；根据收取的增值税销项税额，贷记“应交税费——应交增值税（销项税额）”等科目。

企业已经销售的商品可能会由于品种、质量等不符合购销合同的规定而被客户退回。客户在退货的同时，应退回企业原开具的增值税专用发票。在客户无法退回原增值税专用发票的情况下，为了避免退货单位在退货后不冲减增值税进项税额，退货单位应在当地税务部门开具销售退回证明单，将退货单位的增值税变动情况置于税务部门的监管之下。企业收到退回的商品及销售退回证明单时，应开具红字增值税专用发票，退还货款或冲减应收账款，并冲减主营业务收入和增值税销项税额，借记"主营业务收入""应交税费——应交增值税（销项税额）"等科目，贷记"银行存款""应收票据""应收账款"等科目。应由企业负担的发货及退货运杂费，计入销售费用。

企业已经销售的商品，如果因商品的品种、质量等不符合购销合同而客户仍可继续使用，企业可能给予客户商品价格上的减让，即销售折让。发生销售折让时，取得销售折让的单位应在当地税务部门开具销售折让证明单。企业在收到销售折让证明单时，应开具红字增值税专用发票，退还销售折让款或冲减应收账款，并冲减主营业务收入和增值税销项税额，借记"主营业务收入""应交税费——应交增值税（销项税额）"等科目，贷记"银行存款""应收票据""应收账款"等科目。

企业不论采用现销或赊销方式销售商品，均应结转已销商品（扣除销售退回）的成本，借记"主营业务成本"科目，贷记"库存商品"科目。

企业出售原材料，不属于主营业务，取得的收入应确认为其他业务收入，其确认条件与销售商品基本相同。企业出售原材料取得的收入，应根据具体情况，借记"银行存款""应收票据""应收账款"等科目；根据不含增值税价款，贷记"其他业务收入"科目；根据收取的增值税销项税额，贷记"应交税费——应交增值税（销项税额）"等科目。结转原材料成本时，借记"其他业务成本"科目，贷记"原材料"科目。

2. 企业销售商品的特殊业务

企业销售商品的特殊业务是指前述销售商品一般业务以外的业务。企业销售商品的特殊业务如为复杂业务，需要按照前述销售商品确认、计量的"五步法"进行分析判断；如为简单业务，则可以根据具体业务内容，省略某些步骤的分析判断。例如，合同规定的交易价格为固定价格，可以直接确定交易价格；合同包含的履约义务为单项履约义务，则不需要将交易价格进行分摊；等等。

需要说明的是，按照企业会计准则的规定，企业应当根据本企业履行履约义务与客户付款之间的关系，确认合同资产或合同负债。合同资产是指企业已向客户转让商品而有权收取对价的权利，且该权利取决于时间流逝之外的其他因素。合同负债是指企业已收客户对价而应向客户转让商品的义务，如企业在转让承诺的商品之前已收取的款项，企业可以设置"合同负债"科目核算。

3. 企业提供服务

企业提供的服务如果属于在某一时点履约的义务，应采用与前述商品销售相同的办法确认营业收入；如果属于在某一段期间履行的义务，则应当考虑服务的性质，采用产出法或投入法确定恰当的履约进度，分期确认营业收入。产出法是根据已提供给客户的服务对于客户的价值确定履约进度；投入法是根据企业为履行履约义务的投入确定履约进度。采用上述方法确认营业收入及结转营业成本的计算方法如下：

各期确认的营业收入＝预计总收入×履约进度－前期累计确认营业收入 （3-2）

各期结转的营业成本＝预计总成本×履约进度－前期累计结转营业成本 （3-3）

当履约进度不能合理确定时，企业已经发生的成本预计能够得到补偿的，应当按照已经发生的成本确认营业收入，直到履约进度能够合理确定为止；如果已发生的成本预计不能全部得到补偿的，应当按照预计能够得到补偿的部分确认营业收入。

企业发生的服务成本，可以设置"生产成本"科目进行核算。企业实际发生服务成本时，应借记"生产成本"科目，贷记"原材料""应付职工薪酬"等科目；确认服务收入时，应借记"银行存款"等科目，贷记"主营业务收入"等科目；结转相关服务成本时，应借记"主营业务成本"科目，贷记"生产成本"科目。

（三）企业税金及附加

税金及附加是指应由营业收入（包括主营业务收入和其他业务收入）补偿的各种税金及附加费，主要包括消费税、城市维护建设税、教育费附加、房产税、土地使用税、车船税、印花税等。

（1）消费税的核算。企业销售应纳消费税的商品，应按规定计算结转应交消费税，借记"税金及附加"科目，贷记"应交税费——应交消费税"科目。

（2）城市维护建设税和教育费附加的核算。企业取得营业收入以后，应按规定计算结转应交城市维护建设税和应交教育费附加，借记"税金及附加"科目，贷记"应交税费——应交城市维护建设税""应交税费——应交教育费附加"科目。

（3）房产税、土地使用税、车船税的核算。企业应按规定计算结转应交房产税、土地使用税、车船税，借记"税金及附加"科目，贷记"应交税费——应交房产税""应交税费——应交土地使用税""应交税费——应交车船税"科目。

（4）印花税的核算。企业按规定应缴纳的印花税，以购买印花税票方式支付，应根据实际购买印花税票的金额，借记"税金及附加"科目，贷记"银行存款"科目。

（四）销售费用与管理费用

1. 销售费用是指企业在销售过程中发生的各项费用以及专设销售机构的各项经费，

包括应由企业负担的销售部门人员薪酬、运输费、装卸费、包装费、保险费、广告费、展览费、售后服务费、差旅费、办公费、折旧费、修理费和其他经费等。企业应根据实际发生的销售费用，借记"销售费用""应交税费——应交增值税（进项税额）"等科目，贷记有关科目。

2. 管理费用是指企业行政管理部门为组织和管理经营活动而发生的各项费用，包括行政部门人员薪酬、劳动保护费、待业保险费、董事会费、咨询费、审计费、诉讼费、排污费、绿化费、技术转让费、无形资产摊销、业务招待费、存货盘亏和毁损（减盘盈）及其他管理费用。企业发生管理费用时，应借记"管理费用""应交税费——应交增值税（进项税额）"等科目，贷记有关科目。

（五）研发费用与财务费用

1. 研发费用是指企业进行研究与开发过程中发生的费用化支出。企业于月末结转研发费用时，应借记"研发费用"科目，贷记"研发支出——费用化支出"科目。

2. 财务费用是指企业在筹集资金过程中发生的各项费用，包括生产经营期间发生的不应计入固定资产价值的利息费用（减利息收入）、金融机构手续费、汇兑损失（减汇兑收益）及其他财务费用。企业发生财务费用时，应借记"财务费用——息支出"等科目，贷记有关科目。企业取得的利息收入，其数额与利息支出相比一般较小，在我国未单列总账科目进行核算，应抵减利息支出，借记"银行存款"等科目，贷记"财务费用——利息收入"科目。

（六）资产减值损失与信用减值损失

1. 资产减值损失是指企业存货、长期股权投资、固定资产、在建工程、工程物资、无形资产等发生减值确认的减值损失。企业应根据确认的减值损失，借记"资产减值损失"科目，贷记"存货跌价准备""长期股权投资减值准备""固定资产减值准备""在建工程减值准备""工程物资减值准备""无形资产减值准备"等科目。企业计提存货跌价准备后，相关资产的价值又得以恢复的，应在原已计提的减值准备金额内，按恢复增加的金额，借记"存货跌价准备"科目，贷记"资产减值损失"科目。企业计提的长期股权投资减值准备、固定资产减值准备、在建工程减值准备、工程物资减值准备、无形资产减值准备，按照我国会计准则的规定，不得转回。

2. 信用减值损失是指金融资产中的应收款项、债权投资、其他债权投资等资产价值下跌发生的损失。

（七）投资收益

投资收益是指企业从事各项对外投资活动取得的收益（各项投资业务取得的收入大于其成本的差额）；投资损失是指企业从事各项对外投资活动发生的损失（各项投资业务取得的收入小于其成本的差额）。投资收益大于投资损失的差额为投资净收益；反之则为投资净损失。

（八）公允价值变动损益与资产处置损益

1. 公允价值变动损益是指交易性金融资产和以公允价值计量的投资性房地产等因公允价值变动形成的损益。有关资产的公允价值高于其账面价值时，应确认公允价值变动收益，借记有关资产科目，贷记"公允价值变动损益"科目；有关资产的公允价值低于其账面价值时，应确认公允价值变动损失，做相反的会计处理。

2. 资产处置损益主要是指处置固定资产、在建工程及无形资产等产生的损益。企业发生资产处置收益时，应借记有关科目，贷记"资产处置损益"科目；发生资产处置损失时，做相反的会计处理。

（九）营业外收入与营业外支出

1. 营业外收入是指企业在营业利润以外取得的收入，主要包括接受捐赠收入、获得的赔款收入等。企业取得营业外收入时，应借记有关科目，贷记"营业外收入"科目。

2. 营业外支出是指企业在营业利润以外发生的支出，包括固定资产盘亏、毁损、报废等的净损失，以及非常损失、对外捐赠支出、赔偿金和违约金支出等。企业发生营业外支出时，应借记"营业外支出"科目，贷记有关科目。

（十）其他收益与利润总额

1. 其他收益主要是指企业收到的与日常活动相关的政府补助形成的收益。

2. 利润总额是指企业在缴纳所得税之前实现的利润。

二、所得税费用

下面所讲的费用（expense）是指会计期间内经济利益的总流出，其表现形式为资产减少或负债增加引起的所有者权益减少，但不包括与向所有者分配、直接计入所有者权益的其他综合收益减少等有关的资产减少或负债增加。

所得税费用是指应在会计税前利润中扣除的所得税费用，包括当期所得税费用和递延所得税费用（或收益，下同）。我国现行会计准则规定，所得税费用的确认应采用资产负债表债务法。

（一）当期所得税费用

当期所得税费用是指按照当期应缴纳的所得税确认的费用。

应纳税所得额是指企业按所得税法规定的项目计算确定的收益，是计算缴纳所得税的依据。由于企业会计税前利润与应纳税所得额的计算口径、计算时间可能不一致，因而两者之间可能存在差异。

例如，企业购买国债取得的利息收入，在会计核算中作为投资收益计入了会计税前利润，而所得税法规定国债利息收入免征所得税，不计入应纳税所得额。企业应从会计税前利润中扣除上述差异，计算应纳税所得额。

又如，超过所得税法规定的业务招待费标准的支出等，在会计核算中作为费用抵减了会计税前利润，但所得税法不允许将其在税前扣除。企业应在会计税前利润的基础上，补加上述差异，计算应纳税所得额。

再如，企业确认的公允价值变动损益等，在会计核算中已经调整了税前会计利润，但所得税法规定不计入应纳税所得额。企业应在会计税前利润的基础上调整上述差异，计算应纳税所得额。

总之，企业应在会计税前利润的基础上，将所得税法规定的收入、费用与企业计入会计税前利润的收入、费用之间的差异进行调整，确定应纳税所得额。

（二）递延所得税费用

递延所得税费用是指由于暂时性差异的发生或转回而确认的所得税费用。

1. 暂时性差异

暂时性差异是指资产或负债的账面价值与其计税基础之间的差额；未作为资产和负债确认的项目，按照所得税法规定可以确定其计税基础的，该计税基础与其账面价值之间的差额也属于暂时性差异。

按照暂时性差异对未来期间应纳税所得额的影响，分为可抵扣暂时性差异和应纳税暂时性差异。

可抵扣暂时性差异是指在确定未来收回资产或清偿负债期间的应纳税所得额时，将导致产生可抵扣金额的暂时性差异。具体来说，资产的账面价值小于其计税基础或者负债的账面价值大于其计税基础，将产生可抵扣暂时性差异。按照税法规定允许间性差异是什么抵减以后年度利润的可抵扣亏损，也视同可抵扣暂时性差异。

应纳税暂时性差异是指在确定未来收回资产或清偿负债期间的应纳税所得额时，将导致产生应纳税金额的暂时性差异。具体来说，资产的账面价值大于其计税基础或者负债的账面价值小于其计税基础，将产生应纳税暂时性差异。

资产的计税基础是指企业收回资产账面价值过程中，计算应纳税所得额时按照税法规定可以自应税经济利益中抵扣的金额。负债的计税基础是指负债的账面价值减去未来期间计算应纳税所得额时按照税法规定可予抵扣金额的差额。

2. 递延所得税资产与递延所得税负债

递延所得税资产是指按照可抵扣暂时性差异和适用税率计算确定的资产，其性质属于预付的税款，在未来期间抵扣应纳税款。期末递延所得税资产大于期初递延所得税资产的差额，应确认为递延所得税收益，冲减所得税费用，借记"递延所得税资产"科目，贷记"所得税费用"科目；反之，则应冲减递延所得税资产，并作为递延所得税费用处理，借记"所得税费用"科目，贷记"递延所得税资产"科目。

递延所得税负债是指按照应纳税暂时性差异和适用税率计算确定的负债，其性质属于应付的税款，在未来期间转为应纳税款。期末递延所得税负债大于期初递延所得税负债的差额，应确认为递延所得税费用，借记"所得税费用"科目，贷记"递延所得税负债"科目；反之，则应冲减递延所得税负债，并作为递延所得税收益处理，借记"递延所得税负债"科目，贷记"所得税费用"科目。

如果形成的暂时性差异不涉及损益项目，则确认的递延所得税资产或递延所得税负债应直接调整其他综合收益，借记"递延所得税资产"科目，贷记"其他综合收益"科目；或借记"其他综合收益"科目，贷记"递延所得税负债"科目。

在资产负债表上，递延所得税资产和递延所得税负债应分别列示，不应相互抵销。

三、企业净利润

利润（profit）也称为净利润或净收益，是收入与费用的差额。利润按其形成过程，分为税前利润和税后利润。税前利润也称利润总额；税前利润减去所得税费用，即为税后利润，也称净利润。

企业净利润是指企业的税前利润扣除所得税费用后的余额。净利润一般通过"本年利润"科目核算。

（一）企业净利润的核算方法

企业净利润的核算一般可以分为两种方法：

1. 账结法。账结法是指在每月月末将所有损益类科目的余额转入"本年利润"科目，借记所有收入类科目，贷记"本年利润"科目；借记"本年利润"科目，贷记所有费用类科目。经过上述结转后，损益类科目月末均没有余额，"本年利润"科目的贷方余额表示年度内累计实现的净利润，借方余额表示年度内累计发生的净亏损。采用账结法，账面上能够直接反映各月末累计实现的净利润和累计发生的净亏损，但每月结转本年利润的工作量较大。

2. 表结法。表结法是指各月月末不结转本年利润，只有在年末才将所有损益类科目的余额转入"本年利润"科目。采用表结法，各损益类科目的月末余额表示累计的收入或费用，"本年利润"科目1~11月月末不做任何记录。12月月末结转本年利润，借记所有收入类科目，贷记"本年利润"科目；借记"本年利润"科目，贷记所有费用类科目。年末损益类科目没有余额，"本年利润"科目的贷方余额表示全年累计实现的净利润，借方余额表示全年累计发生的净亏损。采用表结法，各月末的累计净利润或净亏损不能在账面上直接得到反映，需要在利润表中进行结算，但由于平时不必结转本年利润，能够简化核算工作。

（二）企业净利润分配

企业净利润分配的内容主要包括弥补以前年度亏损、提取盈余公积和向投资者分配利润等。为了反映利润分配的数额，应设置"利润分配"科目，并设置"提取盈余公积""应付利润""盈余公积补亏"等二级科目。"利润分配"科目是"本年利润"科目的抵减科目。

1. 弥补以前年度亏损。按所得税法规定，企业某年度发生的纳税亏损，在其后5年内可以用应税所得弥补，从其后第6年开始，只能用净利润弥补。如果净利润还不够弥补亏损，则可以用发生亏损以前提取的盈余公积来弥补（因为从发生亏损的年度开始，在亏损完全弥补之前不应提取盈余公积）。用盈余公积弥补亏损时，应借记"盈余公积"科目，贷记"利润分配——盈余公积补亏"科目。

2. 提取盈余公积。企业的净利润在弥补了以前年度亏损以后，如果还有剩余，应按一定比例计提盈余公积，借记"利润分配——提取盈余公积"科目，贷记"盈余公积"科目。

3. 有限责任公司向投资者分配利润。企业当年的净利润在扣除弥补以前年度亏损和提取盈余公积以后的数额，再加上年初未分配利润，即为当年可以向投资者分配利润的限额。企业可以在此限额内，决定向投资者分配利润的具体数额。结转应付投资者利润时，应借记"利润分配——应付利润"科目，贷记"应付利润"科目；实际支付利润时，借记"应付利润"科目，贷记"银行存款"等科目。

4. 股份有限公司向股东分派股利。股利是指股东从公司的净收益中所分得的投资报酬，股利的形式以及每股股利的多少，直接影响该股票的实际价格：①股利按其分派对象，可以分为优先股股利和普通股股利——优先股股利一般按优先股面值和固定的股利率计算；普通股股利则根据公司的盈利水平和股利政策确定。②股利按其分派的形式，可以分为现金股利和股票股利——现金股利是指公司以货币资金支付给股东的股利；股票股利是指公司以增发股票的形式向股东支付的股利。从股份有限公司的角度看，分派股票股利不必支付现金，有助于公司积累资金，以扩大再生产。按照企业会计准则的规定，企业分派股票股利，应在办妥增资手续后进行会计处理，借记"利润分配""盈余公积"等科目，贷记"股本"科目。

（三）利润结算

为了反映本年净利润的形成及分配情况，应在"利润分配"科目下设置"未分配利润"二级科目进行利润结算的核算。年末应将"本年利润"科目的余额转入"利润分配——未分配利润"科目，并将"利润分配"科目所属的其他二级科目的余额转入"未分配利润"二级科目。结算本年利润时，应借记"本年利润"科目，贷记"利润分配——未分配利润"科目；如为亏损，则编制相反的会计分录。结算本年分配的利润时，应借记"利润分配——未分配利润"科目，贷记"利润分配——提取盈余公积""利润分配——应付利润"科目；如果发生盈余公积补亏，则应借记"利润分配——盈余公积补亏"科目，贷记"利润分配——未分配利润"科目。经过上述结转以后，"本年利润"科目应无余额；"利润分配"科目所属的二级科目，除"未分配利润"二级科目以外，其他二级科目也应无余额。"未分配利润"二级科目的贷方余额表示年末未分配利润，借方余额表示年末未弥补亏损。

第三节　财务报表与资产负债表日后事项

一、企业财务报表

（一）企业财务报表的主要作用

在企业日常的会计核算中，企业所发生的各项经济业务都已按照一定的会计程序，在有关的账簿中进行全面、连续、分类、汇总的记录和计算。企业在一定日期的财务状况和一定时期内的经营成果，在日常会计记录里已经得到反映。但是，这些日常核算资料数量太多，而且比较分散，不能集中、概括地反映企业的财务状况与经营成果。企业的投资者、债权人和财政、税务等部门以及其他与企业有利害关系的单位和个人，不能直接使用这些分散的会计记录来分析评价企业的财务状况和经营成果，据以做出正确的决策。为此，就有必要定期将日常会计核算资料加以分类调整、汇总，按照一定的形式编制财务报表，总括、综合地反映企业的经济活动过程和结果，为有关方面进行管理和决策提供所需的会计信息。

财务报表（financial statement）是提供会计信息的一种重要手段。企业财务报表也称会计报表，是指企业对外提供的、以日常会计核算资料为主要依据，反映企业某一特定日期财务状况和某一会计期间经营成果、现金流量的文件。企业编制财务报表，对于改善企业外部有关方面的经济决策环境和加强企业内部经营管理具有重要作用。具体来说，财务报表的作用主要表现在以下方面：

1. 企业的投资者（包括潜在的投资者）和债权人（包括潜在的债权人），为了进行正确的投资决策和信贷决策，需要利用财务报表了解有关企业财务状况、经营成果及现金流量情况的会计信息。

2. 企业管理者为了考核和分析财务成本计划或预算的完成情况，总结经济工作的成绩和存在的问题，评价经济效益，需要利用财务报表掌握本企业有关财务状况、经营成果和现金流量情况的会计信息。

3. 国家有关部门为了加强宏观经济管理，需要各单位提供财务报表资料，以便通过汇总分析，了解和掌握各部门、各地区经济计划（预算）完成情况、各种财经法律制度的执行情况，并针对存在的问题，及时运用经济杠杆和其他手段，调控经济活动，优化资源配置。

（二）企业财务报表的构成与编制要求

1. 企业财务报表的构成

财务报表分为年度、半年度、季度和月度财务报表。月度、季度财务报表是指月度和季度终了提供的财务报表；半年度财务报表是指在每个会计年度的前 6 个月结束后对外提供的财务报表；年度财务报表是指年度终了对外提供的财务报表。半年度、季度和月度财务报表统称为中期财务报表。

企业的财务报表至少应当包括资产负债表、利润表、现金流量表、所有者权益（股东权益）变动表和附注。

2. 企业财务报表的编制要求

为了充分发挥财务报表的作用，必须保证财务报表的质量，编制财务报表应符合以下基本要求：

（1）企业编制财务报表，应当以真实的交易、事项以及完整准确的账簿记录等资料为依据，并遵循国家统一的会计制度规定的编制基础、编制依据、编制原则和方法。

（2）企业在编制年度财务报表前，应当全面清查资产、核实债务，通过规定的清查、核实，查明财产物资的实存数量与账面数量是否一致，各项结算款项的拖欠情况及其原因、材料物资的实际储备情况、各项投资是否达到预期的目的、固定资产的使用情况及其完好程度等。

（3）企业在编制财务报表前，除应当全面清查资产、核实债务外，还应核对各会计账簿记录与会计凭证的内容、金额等是否一致，记账方向是否相符。

（4）企业在编制财务报表前应按期结账，不得为赶编报表而提前结账。在结账之前，必须将本期发生的全部经济业务和转账业务都登记入账，在此基础上结清各个科目的本期发生额和期末余额。

（5）企业应当按照国家统一的会计制度规定的报表格式和内容，根据登记完整、核对无误的会计账簿记录和其他有关资料编制财务报表，做到内容完整、数据真实、计算准确，不得漏报或者任意取舍。

（6）财务报表之间、财务报表各项目之间凡有对应关系的数字，应当相互一致；财务报表中本期与上期的有关数字应当相互衔接。

二、企业资产负债表

（一）企业资产负债表的内容与分类排列

1. 企业资产负债表的内容

资产负债表（balance sheet）是总括反映企业在一定日期的全部资产、负债和所有者权益的报表。由于该表反映了一个企业在特定日期的财务状况，因而又称为财务状况表（statement of financial position）。

资产负债表是根据"资产＝负债+所有者权益"这一会计基本等式编制的。它提供的是企业一定日期的财务状况，主要包括以下内容：

（1）企业所拥有的各种经济资源（资产）。

（2）企业所负担的债务（负债），以及企业的偿债能力（包括短期与长期的偿债能力）。

（3）企业所有者在企业里所持有的权益（所有者权益）。

2. 企业资产负债表项目的分类排列

为了帮助报表使用者分析、解释和评价资产负债表所提供的信息，需要对资产负债表上的项目，按照它们的共同特征进行适当的分类排列。一般来说，在资产负债表上，资产按其流动性程度的高低顺序排列，即先流动资产，后非流动资产，非流动资产再划分为若干个大类；负债按其到期日由近至远的顺序排列，即先流动负债，后非流动负债；所有者权益则按其永久性递减的顺序排列，即先实收资本，再其他权益工具、资本公积、其他综合收益、专项储备、盈余公积，最后是未分配利润。

（二）企业资产负债表的主要格式

企业的资产负债表有两种基本格式，即账户式与垂直式（报告式）。

1. 账户式资产负债表分左、右两方，左方列示资产项目，右方列示负债与所有者权益项目，左右两方的合计数保持平衡，这种格式的资产负债表在我国应用最广。

2. 垂直式资产负债表将资产、负债、所有者权益项目采用垂直分列的形式反映。其具体排列形式又有以下三种：

第一，按照"资产＝负债+所有者权益"的等式，上边的资产总计与垂直排列在下边的负债及所有者权益总计保持平衡。

第二，按照"资产－负债＝所有者权益"的等式，上边的资产总额与负债总额之差，与垂直排列在下边的所有者权益总额保持平衡。

第三，按照"流动资产－流动负债＝营运资金""营运资金＋非流动资产－非流动负债＝所有者权益"的等式，先用流动资产合计减去垂直排列在下边的流动负债合计，求得营运资金，然后在营运资金下边加上非流动资产合计，减去非流动负债合计，所得结果与垂直排列在下边的所有者权益总额保持平衡。

（三）企业资产负债表的计价项目

现行会计准则对资产负债表项目的计价采用的是一种混合模式，它综合运用了历史成本、可变现净值、现值、公允价值、摊余成本等计量属性。下面对部分资产负债表项目的计价进行简要总结：

1. 按历史成本计量项目

"存货"项目在存货没有发生减值的情况下，在资产负债表上是按其历史成本计价的。

"投资性房地产"项目在采用成本模式计量且没有发生减值的情况下，在资产负债表上是按其历史成本计价的。

固定资产如果没有发生减值，则在资产负债表上按折余价值反映。无形资产如果没有发生减值，则在资产负债表上按摊余价值反映。折余价值和摊余价值在本质上是历史成本，或者说是调整后的历史成本。

2. 按可变现净值计量项目

按照现行会计准则规定，期末要对存货项目进行减值测试。对各存货项目进行减值测试时，依据的标准是可变现净值，当存货的可变现净值低于其账面金额时，需要计提存货跌价准备，将存货的账面金额减记至可变现净值。这就意味着，计提了存货跌价准备的"存货"项目在资产负债表上是按可变现净值计价的。

3. 按公允价值计量项目

按照现行会计准则的规定，"交易性金融资产""其他债权投资"等项目期末应当按公允价值计量。对于"投资性房地产"项目的计量，既可以采用成本模式，也可以采用公允价值模式。如果企业对投资性房地产的计量采用公允价值模式，则该项目在资产负债表上也是按公允价值计量的。

4. 按现值计量项目

"应付债券"等非流动负债项目要按照未来现金流量的折现值（现值）计价。只不过此时计算现值所用的折现率是最初承担负债时所确定的实际利率，而不是期末的市场利率。

"债权投资"项目在没有发生减值的情况下，其计价与"应付债券"项目类似，也是按现值计价，计算现值所用的折现率是取得投资时的实际利率，而不是期末的市场利率。

"固定资产"和"无形资产"等非流动资产项目，在计提折旧和摊销之后，还要进行减值测试。对固定资产和无形资产进行减值测试时所采用的标准是可收回金额，而可收回金额是公允价值减去处置费用后的净额与未来现金流量的现值两者之中的较高者。这就意味着，对于已经计提了减值准备的固定资产和无形资产来说，最终在资产负债表上是按公允价值减去处置费用后的净额或者是按照现值计价的。

5. 按摊余成本计量项目

应收款项、债权投资等金融资产需要按摊余成本计量。这些金融资产在计提了减值准备的情况下，其摊余成本是扣减了减值准备后的余额。

对资产负债表项目采用混合计量模式，是否能够很好地满足会计信息的质量要求，仍然值得研究。

（四）企业资产负债表的填列方法

由于企业的每一项资产、负债和所有者权益余额都是以各有关科目的余额来表示的，因此，作为总括反映企业资产、负债和所有者权益的资产负债表项目，原则上都可以直接根据有关总账科目的期末余额填列。但是，为了如实地反映企业的财务状况，更好地满足报表使用者的需要，资产负债表的某些项目需要根据总账科目和明细科目的记录分析、计算后填列。总之，资产负债表项目的填列方法，在很大程度上取决于企业日常会计核算所设置的总账科目的明细程度。下面分别就流动资产、非流动资产、流动负债、非流动负债和所有者权益五大类别，说明一般企业资产负债表主要项目的"期末余额"栏的填列方法。

1. 流动资产项目填列方法

（1）"货币资金"项目，反映资产负债表日企业持有的货币资金余额。该项目应根据"库存现金""银行存款"和"其他货币资金"科目的余额之和填列。

（2）"交易性金融资产"项目，反映资产负债表日企业分类为以公允价值计量且其变动计入当期损益的金融资产，以及企业持有的直接指定为以公允价值计量且其变动计入当期损益的金融资产的期末账面价值。该项目应根据"交易性金融资产"科目的相关明细科目期末余额分析填列。自资产负债表日起超过一年到期且预期持有超过一年的以公允价值计量且其变动计入当期损益的非流动金融资产的期末账面价值，在"其他非流动金融资产"项目反映。

（3）"应收票据"项目，反映资产负债表日以摊余成本计量的、企业因销售商品、提供服务等收到的商业汇票，包括银行承兑汇票和商业承兑汇票。该项目应根据"应收票据"科目的期末余额，减去"坏账准备"科目中相关坏账准备期末余额后的金额分析填列。

（4）"应收账款"项目，反映资产负债表日以摊余成本计量的、企业因销售商品、提供服务等经营活动应收取的款项。该项目应根据"应收账款"科目的期末余额，减去"坏账准备"科目中相关坏账准备期末余额后的金额分析填列。

（5）"应收款项融资"项目，反映资产负债表日以公允价值计量且其变动计入其他综合收益的应收票据和应收账款等。

（6）"预付款项"项目，反映企业按照合同规定预付的款项在资产负债表日的净额。该项目应根据"预付账款""应付账款"总账科目所属明细科目的借方余额之和，减去相应的"坏账准备"所属明细科目的贷方余额计算填列。

（7）"其他应收款"项目，反映资产负债表日企业持有的应收利息、应收股利和其他应收款净额。如果企业单独设立"应收利息"和"应收股利"科目，则该项目应根据"应收利息""应收股利"和"其他应收款"科目的期末余额合计数，减去"坏账准备"科目中相关坏账准备期末余额后的金额填列。如果企业不单独设立"应收利息"和"应收股利"科目，则该项目应根据"其他应收款"科目的期末余额，减去"坏账准备"科目中相关坏账准备期末余额后的金额填列。

（8）"存货"项目，反映资产负债表日企业持有的存货净额。该项目主要应根据"材料采购"（或"在途物资""商品采购"）、"原材料"（或"库存商品"）、"委托加工物资""包装物""低值易耗品""材料成本差异"（或"商品进销差价"）、"生产成本""自制半成品""产成品""发出商品"等科目借贷方余额的差额，减去"存货跌价准备"科目的期末余额后的金额填列。

（9）"合同资产"项目，反映企业按照《企业会计准则第 14 号——收入》（2017 年修订）的相关规定根据本企业履行履约义务与客户付款之间的关系应确认的合同资产在资产负债表日的余额中的流动部分。该项目应根据"合同资产"科目的相关明细科目期末余额分析填列，同一合同下的合同资产和合同负债应当以净额列示，其中净额为借方余额的，其流动性部分在"合同资产"项目中填列，已计提减值准备的，还应减去"合同资产减值准备"科目中相关的期末余额后的金额填列。

（10）"持有待售资产"项目，反映资产负债表日划分为持有待售类别的非流动资产及划分为持有待售类别的处置组中的流动资产和非流动资产的期末账面价值。该项目应根据"持有待售资产"科目的期末余额，减去"持有待售资产减值准备"科目的期末余额后的金额填列。

（11）"一年内到期的非流动资产"项目，反映资产负债表日企业持有的将于一年内到期的非流动资产的期末账面价值。该项目应根据"债权投资""其他债权投资""长期应收款"科目所属明细科目余额中将于一年内到期的长期债权的数额之和计算填列。

（12）"其他流动资产"项目，反映资产负债表日企业持有的除以上各个流动资产项目之外的其他流动资产净额。该项目包括的内容主要有：①企业购入的以摊余成本计量的一年内到期的债权投资的期末账面价值。该部分金额应当根据"债权投资"科目的相关明细科目期末余额，减去"债权投资减值准备"科目中相关减值准备的期末余额后的金额确定；②企业购入的以公允价值计量且其变动计入其他综合收益的一年内到期的债权投资的期末账面价值。该部分金额应当根据"其他债权投资"科目相关明细科目的期末余额确定；③按照《企业会计准则第 14 号——收入》（2017 年修订）的相关规定确认为资产的合同取得成本的期末余额中的流动部分。该部分金额应当根据"合同取得成本"科目的明细科目初始确认时摊销期限在一年或长于一年的一个正常营业周期之内的部分，减去"合同取得成本减值准备"科目中相关的期末余额后的金额确定；④按照《企业会计准则第 14 号——收入》（2017 年修订）的相关规定确认为资产的应收退货成本的期末余额中的流动部分。该部分金额应当根据"应收退货成本"科目的明细科目余额分析确定。

2. 非流动资产项目填列方法

（1）"债权投资"项目，反映资产负债表日企业以摊余成本计量的长期债权投资的期末账面价值。该项目应根据"债权投资"科目的相关明细科目期末余额，减去"债权投资减值准备"科目中相关减值准备的期末余额后的金额分析填列。自资产负债表日起一年内到期的长期债权投资的期末账面价值，在"一年内到期的非流动资产"项目反映。企业购入的以摊余成本计量的一年内到期的债权投资的期末账面价值，在"其他流动资产"项目反映。

（2）"其他债权投资"项目，反映资产负债表日企业分类为以公允价值计量且其变动计入其他综合收益的长期债权投资的期末账面价值。该项目应根据"其他债权投资"科目的相关明细科目期末余额分析填列。自资产负债表日起一年内到期的长期债权投资的期末账面价值，在"一年内到期的非流动资产"项目反映。企业购入的以公允价值计量且其变动计入其他综合收益的一年内到期的债权投资的期末账面价值，在"其他流动资产"项目反映。

（3）"长期应收款"项目，反映资产负债表日企业持有的长期应收款净额。该项目应根据"长期应收款"科目相关明细科目的期末余额中的非流动部分，减去相应的"坏账准备"所属明细科目的贷方余额计算填列。

（4）"长期股权投资"项目，反映资产负债表日企业持有的采用成本法和权益法核算的长期股权投资净额。该项目应根据"长期股权投资"科目的期末余额，减去"长期股权投资减值准备"科目的贷方余额计算填列。

（5）"其他权益工具投资"项目，反映资产负债表日企业指定为以公允价值计量且其变动计入其他综合收益的非交易性权益工具投资的期末账面价值。该项目应根据"其他权益工具投资"科目的期末余额填列。

（6）"投资性房地产"项目，反映资产负债表日企业持有的投资性房地产的期末账面价值。该项目应根据"投资性房地产"科目的期末余额，减去"投资性房地产累计折旧"和"投资性房地产减值准备"科目的期末余额后的金额填列。

（7）"固定资产"项目，反映资产负债表日企业固定资产的期末账面价值和企业尚未清理完毕的固定资产清理净损益。该项目应根据"固定资产"科目的期末余额，减去"累计折旧"和"固定资产减值准备"科目的期末余额后的金额，以及"固定资产清理"科目的期末余额填列。

（8）"在建工程"项目，反映资产负债表日企业尚未达到预定可使用状态的在建工程的期末账面价值和企业为在建工程准备的各种物资的期末账面价值。该项目应根据"在建工程"科目的期末余额，减去"在建工程减值准备"科目的期末余额后的金额，以及"工程物资"科目的期末余额，减去"工程物资减值准备"科目的期末余额后的金额填列。

（9）"无形资产"项目，反映资产负债表日企业无形资产的期末账面价值。该项目应根据"无形资产"科目的期末余额，减去"累计摊销"和"无形资产减值准备"科目的期末余额后的金额填列。

（10）"开发支出"项目，反映资产负债表日企业已经发生的研发支出中的资本化支出的余额。该项目应根据"研发支出"科目所属的"资本化支出"明细科目的期末余额填列。

（11）"长期待摊费用"项目，反映资产负债表日企业已经发生但应由本期和以后各期负担的分摊期限在一年以上的长期待摊费用的期末余额。该项目应根据"长期待摊费用"科目的期末余额分析填列。

（12）"递延所得税资产"项目，反映资产负债表日企业确认的可抵扣暂时性差异产生的所得税资产的余额。该项目应根据"递延所得税资产"科目的期末余额分析填列。

（13）"其他非流动资产"项目，反映资产负债表日企业持有的除以上各个非流动资产项目之外的其他非流动资产净额。该项目包括的内容主要有：①企业按照《企业会计准则第14号——收入》（2017年修订）的相关规定根据本企业履行履约义务与客户付款之间的关系应确认的合同资产在资产负债表日的余额中的非流动部分。该部分金额应根据"合同资产""合同负债"科目的相关明细科目期末余额分析确定，同一合同下的合同资产和合同负债应当以净额列示，其中净额为借方余额的，其非流动性部分在"其他非流动资产"项目中填列，已计提减值准备的，还应减去"合同资产减值准备"科目中相关的期末余额后的金额填列；②按照《企业会计准则第14号——收入》（2017年修订）的相关规定确认为资产的应收退货成本的期末余额中的非流动部分。该部分金额应当根据"应收退货成本"科目的明细科目余额分析确定。

3. 流动负债项目填列方法

（1）"短期借款"项目，反映资产负债表日企业承担的向银行或其他金融机构等借入的期限在一年以下（含一年）的各种借款的期末账面价值。该项目应根据"短期借款"科目的期末余额填列。

（2）"交易性金融负债"项目，反映资产负债表日企业承担的交易性金融负债，以及企业持有的直接指定为以公允价值计量且其变动计入当期损益的金融负债的期末账面价值。该项目应根据"交易性金融负债"科目的相关明细科目期末余额填列。

（3）"应付票据"项目，反映资产负债表日以摊余成本计量的、企业因购买材料、商品和接受服务等开出、承兑的商业汇票，包括银行承兑汇票和商业承兑汇票。该项目应根据"应付票据"科目的期末余额填列。

（4）"应付账款"项目，反映资产负债表日以摊余成本计量的、企业因购买材料、商品和接受服务等经营活动应支付的款项。该项目应根据"应付账款"和"预付账款"科目所属的相关明细科目的期末贷方余额合计数填列。

（5）"预收款项"项目，反映企业按照合同规定预收的款项在资产负债表日的账面价值。该项目应根据"预收账款""应收账款"科目的相关明细科目的期末贷方余额填列。

（6）"合同负债"项目，反映企业按照《企业会计准则第 14 号——收入》（2017 年修订）的相关规定根据本企业履行履约义务与客户付款之间的关系应确认的合同负债。该项目应根据"合同负债"科目的相关明细科目期末余额分析填列，同一合同下的合同资产和合同负债应当以净额列示，其中净额为贷方余额的，应当根据其流动性在"合同负债"或"其他非流动负债"项目中填列。

（7）"应付职工薪酬"项目，反映资产负债表日企业承担的应付职工薪酬的余额。该项目应根据"应付职工薪酬"科目的期末余额分析填列。

（8）"应交税费"项目，反映资产负债表日企业承担的应交未交税费的余额。该项目应根据"应交税费"科目的期末余额分析填列。

（9）"其他应付款"项目，反映资产负债表日企业承担的应付利息、应付股利以及其他应付款的余额。如果企业单独设立"应付利息"和"应付股利"科目，则该项目应根据"应付利息""应付股利"和"其他应付款"科目的期末余额合计数填列。如果企业不单独设立"应付利息"和"应付股利"科目，则该项目应根据"其他应付款"科目的期末余额填列。

（10）"持有待售负债"项目，反映资产负债表日处置组中与划分为持有待售类别的资产直接相关的负债的期末账面价值。该项目应根据"持有待售负债"科目的期末余额填列。

（11）"一年内到期的非流动负债"项目，反映资产负债表日企业持有的将于一年内到期的非流动负债的期末账面价值。该项目应根据"长期借款""应付债券""长期应付款"科目所属明细科目余额中将于一年内到期的数额之和计算填列。

4. 非流动负债项目填列方法

（1）"长期借款"项目，反映资产负债表日企业承担的向银行或其他金融机构等借入的期限在一年以上（不含一年）的各种借款的期末账面价值中的非流动部分。该项目应根据"长期借款"科目的相关明细科目的期末余额分析填列。

（2）"应付债券"项目，反映企业为筹集长期资金而发行债券的本金和利息在资产负债表日的账面价值中的非流动部分。该项目应根据"应付债券"科目的相关明细科目的期末余额分析填列。

（3）"长期应付款"项目，反映资产负债表日企业承担的除长期借款和应付债券以外的其他各种长期应付款项的期末账面价值中的非流动部分。该项目应根据"长期应付款"

"专项应付款""未确认融资费用"科目的相关明细科目的期末余额分析填列。

（4）"预计负债"项目，反映资产负债表日企业承担的就对外提供担保、未决诉讼、产品质量保证、亏损性合同等事项确认的预计负债的余额。该项目应根据"预计负债"总账科目所属各明细科目的期末余额中的非流动部分计算填列。

（5）"递延所得税负债"项目，反映资产负债表日企业确认的应纳税暂时性差异产生的所得税负债的余额。该项目应根据"递延所得税负债"科目的期末余额分析填列。

5. 所有者权益（或股东权益）项目填列方法

（1）"实收资本（或股本）"项目，反映企业接受投资者投入的实收资本在资产负债表日的余额。该项目应该根据"实收资本（或股本）"科目的期末余额填列。

（2）"其他权益工具"项目，反映企业发行的除普通股（作为实收资本或股本）以外，按照金融负债和权益工具区分原则分类为权益工具的其他权益工具在资产负债表日的余额。该项目应该根据"其他权益工具"科目的期末余额填列。

（3）"资本公积"项目，反映企业收到投资者出资额超出其在注册资本或股本中所占份额的部分在资产负债表日的余额。该项目应该根据"资本公积"科目的期末余额填列。

（4）"其他综合收益"项目，反映企业根据会计准则规定未在当期损益中确认的各项利得和损失在资产负债表日的余额。该项目应该根据"其他综合收益"科目的期末余额填列。

（5）"盈余公积"项目，反映企业从净利润中提取的盈余公积在资产负债表日的余额。该项目应该根据"盈余公积"科目的期末余额填列。

（6）"未分配利润"项目，反映企业在资产负债表日累计未分配利润或未弥补亏损的余额。该项目应该根据"本年利润"科目以及"利润分配"总账科目所属的"未分配利润"明细科目的期末余额分析填列。

资产负债表的"年初余额"栏的各项目，通常要根据上年年末有关项目的期末余额填列，且与上年年末资产负债表的"期末余额"栏一致。如果企业发生了会计政策变更、前期差错更正，则应当对"年初余额"栏的有关项目进行调整。如果企业上年度资产负债表的项目名称和内容与本年度不一致，应当对上年年末资产负债表相关项目的名称和金额按照本年度的规定进行调整，填入"年初余额"栏。

三、企业资产负债表日后事项

（一）企业资产负债表日后事项的重要意义

在我国，企业的会计年度从 1 月 1 日开始，至 12 月 31 日结束，企业的年度财务报告应该反映企业在该年度 12 月 31 日（即资产负债表日）的财务状况，以及于 12 月 31 日结束的会计年度的经营成果与现金流量信息。然而，企业的年度财务会计报告从编制、审批到最后报出，往往要经历较长一段时间。企业在资产负债表日以后、财务报告批准报出日之前这段时间里，会发生许多交易或其他事项，这些交易或事项有的可能对企业报告期的财务状况、经营成果产生较大的影响；有的虽然与企业的报告期无关，但可能会影响财务报告使用者做出正确的估计和决策。

因此，为了使财务报告的使用者能够全面、客观地了解企业的财务信息，就有必要对上述交易或事项进行分析、评价，以确定是否需要调整将要报出的报告年度的财务会计报告，或是否需要在财务报表附注中进行说明，以便使用者能够获取与财务报告公布日最为相关的信息。为了规范年度资产负债表日以后、财务报告批准报出日之前发生的与报告期的财务报告有关的交易或其他事项，我国有专门的会计准则《企业会计准则第 29 号——资产负债表日后事项》。

（二）企业资产负债表日后事项的性质

资产负债表日后事项（events after the balance sheet date）是指从年度资产负债表日至财务报告批准报出日之间发生的需要调整或说明的事项。财务报告批准报出日是指公司董事会批准财务报告报出的日期。

1. 资产负债表日后事项是在特定期间内发生的事项，即在资产负债表日后至财务报告批准报出日之间发生的事项。不是在此期间发生的事项不属于资产负债表日后事项。这里所说的资产负债表日通常是指年度资产负债表日，在我国就是每年的 12 月 31 日结账日。这里所说的财务报告批准报出日是指董事会或经理（厂长）会议或类似的机构批准财务报告报出的日期。具体来说，对于上市公司而言，财务报告批准报出日是指公司董事会批准财务报告报出的日期；对于其他企业而言，财务报告批准报出日是指企业的经理（厂长）会议或类似机构批准财务报告报出的日期。

2. 资产负债表日后事项并非涵盖上述特定期间内发生的所有事项，而是指该期间内发生的两类事项：①与资产负债表日存在的状况有关的事项；②虽然与资产负债表日存在的状况无关，但对企业财务状况具有重大影响的事项。也就是说，在上述特定期间内发生的事项中，那些既与资产负债表日存在的状况无关又对企业财务状况无重大影响的事项，不属于资产负债表日后事项。

（三）企业资产负债表日后事项的类型划分

1. 调整事项

调整事项（adjusting events）是能够对资产负债表日或以前所发生的事项提供新的或进一步的证据，从而有助于对资产负债表日存在状况的有关金额做出重新估计的一种资产负债表日后事项。也就是说，调整事项是在资产负债表日后发生的、表明依据资产负债表日存在状况所确定的某些财务报表数据已不恰当，应该据以调整这些财务报表项目，从而为资产负债表日已经存在的情况提供新的或进一步证据的事项。

调整事项的特点是：与资产负债表日存在的状况有关，能够为资产负债表日或以前所发生的事项提供新的或进一步的证据，并对按资产负债表日存在的状况编制的财务报表产生重大影响。

2. 非调整事项

非调整事项（non-adjusting events）是在资产负债表日以后才发生或存在的、不影响资产负债表日存在的状况，但如不加以说明，将会影响财务报告使用者做出正确估计和决策的一种资产负债表日后事项。非调整事项应在财务报表附注中予以披露。

非调整事项是属于应在新的会计年度的财务报表中反映的事项，因而不应对尚未报出的上年度财务报表进行调整，否则，会计年度的划分就失去了意义：上年度的资产负债表所反映的就不再是该公司上年 12 月 31 日的财务状况，利润表反映的也不再是截至上年 12 月 31 日的全年经营成果。但由于这些事项对公司的财务状况等有重大影响，又在上年度的财务报告的批准报出日之前已经发生，因而需要在尚未报出的上年度财务报表附注中说明事项的内容、估计对企业财务状况与经营成果的影响，以便财务报告使用者对企业未来的财务状况、经营成果做出正确的估价和决策。

第四节　会计变更与差错更正

一、会计变更

会计变更通常是指会计政策、会计估计的变更。一个报告主体的会计变更可能会对该主体所披露的特定日期的财务状况和一定时期的经营成果产生很大影响，也可能对比较财务报表和历史总结所反映的变动趋势产生重大影响。会计变更的反映与报告应该便于财务报表的分析与理解，通常可以分为以下两种类型：

（一）会计政策变更

会计政策（accounting policies）是指企业在会计确认、计量和报告中所采用的原则、基础和会计处理方法。作为会计政策的原则是指会计确认的原则，即指导企业进行会计确认的具体原则。作为会计政策的基础是指会计计量的基础，即在遵循会计确认原则的前提下在会计计量中采用的计量基础（即计量属性），包括历史成本、重置成本、可变现净值、现值和公允价值等。作为会计政策的会计处理方法是指按照会计原则和计量基础的要求，由企业在会计核算中采用或者选择的适合本企业的具体会计处理方法。企业应当在会计准则允许采用的会计政策中选择适当的会计政策，并正确地运用所选定的会计政策进行相关交易或事项的会计确认、计量和报告。按照我国企业会计准则的规定，企业应在报表附注中披露其所采用的会计政策的主要内容。

会计政策变更（changes in accounting policies）是指企业对相同的交易或事项由原来采用的会计政策改用另一会计政策的行为。企业应当按照会计准则和会计制度规定的原则和方法进行会计确认、计量和报告。依据可比性的会计信息质量要求，各期采用的会计原则和方法应当保持一致，不得任意变更。如果确实需要改变会计政策，则应当将变更的情况、变更的原因及其对企业财务状况和经营成果的影响在财务报告中说明。

1. 会计政策变更的条件

在我国，按现行会计准则的规定企业只有在符合下述两个条件之一的情况下才可以变更会计政策：

（1）法律或会计准则等行政法规、规章要求变更。由于实施了新的会计准则或会计制度，或修订了原有的会计准则或会计制度，要求变更会计政策。

（2）变更会计政策能够使所提供的企业财务状况、经营成果和现金流量信息更为可靠、更为相关。由于经济环境、客观情况的改变，企业依据原来的会计政策所提供的会计信息，已不能恰当地反映企业的财务状况、经营成果和现金流量等情况。在这种情况下，企业应改变原会计政策，按变更后的新会计政策进行核算，以便提供更为可靠、相关的会计信息。

2. 不属于会计政策变更的两种情形

企业必须明确认定哪些情形属于会计政策变更，哪些情形不属于会计政策变更，以便正确选择会计处理方法。以下两种情形不属于会计准则所定义的会计政策变更：

（1）对初次发生的或不重要的交易或事项采用新的会计政策。对初次发生的某类交易或事项采用适当的会计政策，并没有改变原有的会计政策，因而不属于会计政策变更。对于不重要的交易或事项变更会计政策，虽然符合会计政策变更的定义，但根据重要性原则，如果不按照会计政策变更的会计处理方法进行核算，不会影响会计信息的可比性，也不会引起会计信息使用者的误解，因而不作为会计政策变更处理。

（2）当期发生的交易或事项与以前相比具有本质区别，因而采用新的会计政策。

3. 会计政策变更的主要会计处理方法

对于会计政策变更的会计处理，就是要决定：首先，是否计算和确认会计政策变更的累积影响数；其次，如果确认会计政策变更的累积影响数，是将其计入当期（变更期）损益还是调整当期期初留存收益。据此，可以将会计政策变更的会计处理方法分为三种。

（1）追溯调整法。追溯调整法是指对某类交易或其他事项变更会计政策时，要视同该类交易或其他事项初次发生时就采用了此次变更拟改用的新的会计政策，计算会计政策变更的累积影响数，据以对本期期初留存收益和相关财务报表项目以及比较财务报表中相关项目进行调整的方法。如果企业提供比较财务报表，对于比较财务报表期间的会计政策变更，应当调整比较期间各期的净损益和其他有关项目，视同该政策在比较财务报表期间一直采用；会计政策变更的累积影响数中属于比较财务报表期间以前期间的部分，应当调整比较财务报表最早期间的期初留存收益，财务报表其他相关项目的数字也做相应调整。

（2）当期法。当期法是指对某类交易或事项变更会计政策时，要计算会计政策变更的累积影响数，将其计入变更当期的损益，且不必调整比较财务报表数据，但为了使报表具有可比性，需要报告备考数据。现行会计准则不允许采用这种方法。

（3）未来适用法。未来适用法是指对某项交易或事项变更会计政策时不进行追溯调整，只需将新的会计政策适用于变更当期及未来期间发生的交易或事项的方法。也就是不计算与确认会计政策变更有关的累积影响数。但根据披露要求，企业应计算确定会计政策变更对当期净利润的影响数。

4. 我国现行会计准则与制度

根据《企业会计准则第 28 号——会计政策、会计估计变更和差错更正》的规定，企业发生会计政策变更，要分别对下列具体情况进行相应的会计处理。

（1）企业依据法律或会计准则等行政法规、规章的要求变更会计政策的，如果国家发布了相关的会计处理办法，则按照国家发布的相关会计处理规定进行处理。如果国家没有发布相关的会计处理办法，而且会计政策变更的累积影响数能够合理确定，则采用追溯调整法进行会计处理。

（2）如果由于经济环境、客观情况发生变化，企业为了提供更可靠、更相关的有关企业财务状况、经营成果和现金流量等方面的会计信息而变更会计政策，而且会计政策变更的累积影响数能够合理确定，则应采用追溯调整法进行会计处理。

（3）如果会计政策变更的累积影响数不能合理确定，则无论因何种原因变更会计政策，均采用未来适用法进行会计处理。

在我国，企业会计政策变更的会计处理，除了在法律或会计准则等行政法规、规章要求企业变更会计政策，且国家发布了相关的会计处理办法的情况下，要按照国家发布的相关会计处理规定进行处理之外，企业只能根据具体情况确定应采用追溯调整法还是未来适用法，而不允许采用当期法。

（二）会计估计变更

1. 会计估计的主要特点

在实际工作中，会计经常需要运用判断和估计。这是因为，企业需要定期、及时地为有关方面提供有用的会计信息，因而必须将持续不断的经营活动人为地划分为一定的期间，并在权责发生制的基础上定期反映企业的财务状况与经营成果。然而，在企业进行会计处理时，与本期经营成果和期末财务状况有关的某些重要的事实尚不可知，或具有较大的不确定性。会计估计（accounting estimates）是指企业对其结果不确定的交易或事项以最近可利用的信息为基础所做的判断。会计估计的主要特点如下：

（1）需要进行会计估计的根本原因是企业的经济活动中存在不确定性因素。

（2）进行会计估计的依据是最近可利用的信息或资料。企业在进行会计估计时，应根据当时的情况和经验，以最近可利用的信息或资料为基础进行。

2. 会计估计变更的一般原因

会计估计是以最近可利用的信息或资料为基础进行的。然而，随着时间的推移和环境的变化，进行会计估计的基础可能会发生变化，企业有可能发现原有估计不符合事实，因而需要对原来的会计估计进行修正。

会计估计变更（changes in accounting estimates）是指由于赖以进行会计估计的基础发生了变化，或者由于取得新的信息、积累更多的经验以及后来的发展变化，而对原来的会计估计所做的修正。应当指出，会计估计变更并不意味着原来的会计估计是错误的，它只是表明，由于情况发生变化，或者掌握了新的信息，积累了更多的经验，对原来的会计估计进行修正可以更好地反映企业的财务状况和经营成果。如果原来的会计估计是错误的，则属于会计差错，应按会计差错更正进行会计处理。

3. 会计估计变更的会计处理方法

企业发生会计估计变更会带来两个问题：一是如何在账面上记录会计估计变更的影响；二是如何在比较财务报表上报告会计估计变更。

对于会计估计变更的会计处理，一般采用未来适用法。即在会计估计变更当期及以后期间，采用新的会计估计，不改变以前期间的会计估计，也不调整以前期间的报告结果。为了使不同期间的财务报表可比，如果会计估计变更的影响数在以前期间计入日常经营活动损益，则以后期间也应计入日常经营活动损益；如果会计估计变更的影响数在以前期间计入特殊项目，则以后期间也应计入特殊项目。

二、会计差错更正

为了保证会计资料的真实、合法和完整，企业应当建立健全内部稽核制度。但是，在企业的日常会计核算中仍然可能由于各种原因造成会计差错。会计差错（accounting error）是指在会计确认、计量、记录等方面出现的错误，如抄写差错、对事实的疏忽和误解以及会计政策的误用。

（一）会计差错的性质

企业发现会计差错时，应当根据差错的性质及时纠正。

1. 年度资产负债表日至财务报告批准报出日之间发现的报告年度的会计差错及以前年度的非重大会计差错，应按照《企业会计准则第 29 号——资产负债表日后事项》的规定处理。

2. 其他会计差错的更正：①本期发现的与本期相关的会计差错，应调整本期相关项目；②本期发现的前期会计差错，简称前期差错。前期差错是由于没有运用或错误运用、前期财务报告批准报出时能够取得的可靠信息，而对前期财务报表造成省略或错报。

前期差错可以分为两类：一类是重要的或者虽然不重要但属故意造成的前期差错，另一类是不重要且非故意造成的前期差错。

前期差错的重要程度，应根据差错的性质和金额加以判断。例如，企业的存货盘盈，应将盘盈的存货计入当期损益。而对于固定资产盘盈，应当查明原因，采用追溯重述法进行更正。

企业应当采用追溯重述法更正重要的前期差错，但确定前期差错累积影响数不切实可行的除外。追溯重述法是指在发现前期差错时视同该项前期差错从未发生过，从而对财务报表相关项目进行更正的方法。追溯重述法的会计处理与追溯调整法相同。

有时确定前期差错的特定期间影响或累积影响是不切实可行的，在这种情况下，可以采用两种处理方法：一是从可追溯重述的最早期间开始调整留存收益的期初余额，财务报表其他相关项目的期初余额也应当一并调整；二是采用未来适用法。

对于不重要且非故意造成的前期差错，可以采用未来适用法。

关于会计差错的会计处理，可以分为两个步骤：差错分析与差错更正。即首先分析会计差错的性质与种类，然后决定更正差错的方法。

（二）会计差错的分析策略

为了正确更正会计差错，对于发现的会计差错应当进行认真的分析。会计差错的分析可以从以下方面着手：

1. 辨明会计差错发生的会计期间。会计差错有的是在发现差错的当期发生的，也有的是在上期发生的，或在更早的以前期间发生的。会计差错发生的会计期间不同，更正的要求与方法也可能不同。

2. 注意会计差错发现的时间。会计差错的更正与差错发现的时间也有关系。按照《企业会计准则第28号——会计政策、会计估计变更和差错更正》的规定，需要明确会计差错是在上年度财务报告批准报出日前发现的，还是在此日之后发现的。

3. 判断会计差错的性质。对于前期差错，要进一步分析其重要性程度和是否属于故意造成的。

4. 分析会计差错对财务报表的影响。会计差错按其对财务报表的影响不同，可以分为只影响资产负债表的会计差错、只影响利润表的会计差错和既影响资产负债表又影响利润表的会计差错。

（三）会计差错的更正方法

更正会计差错的方法很难进行概括，这是因为会计差错的种类很多。对于每一项会计差错，都必须仔细分析，以便确定一项交易是如何被记录以及应该如何记录。从改错的账务处理来看，有两种可供选择的方法：

1. 编制一笔综合分录。

2. 首先将原有错误分录转回，然后编制正确分录。

在实务中第一种方法比较常见。

第四章 企业管理会计概述

第一节　管理会计内涵

一、管理会计

管理会计又称分析报告会计，是一个管理学名词。管理会计是一个独立于传统会计制度的会计体系，与财务会计并存，它着眼于为企业做出最佳决策，改进经营管理，提高经济效益。企业的管理会计应当根据企业管理者的需求制订计划，记录和分析经济事项，收集和上报管理信息，直接参与决策和控制过程。

管理会计的职能从简单的会计核算延展到分析过去、控制现在和规划未来的有机结合。加强管理会计的应用有助于企业更科学地管理，提高基本竞争力，加强创新能力，促进企业的转型；有助于通过科学、合理的绩效评价机制使人力资源配置合理化；有助于合理配置市场资源，使市场的资源配置最优化；有助于推动事业单位完善内部控制，建立更为规范、高效、公开的管理制度。为了推动落实现代财务制度，有必要将审计人员从单纯的会计转变为财务管理者和决策者，从而提高审计人员的社会信誉、社会影响力和社会地位。

美国注册会计师协会和英国皇家特许注册管理会计师协会联合发布的《全球管理会计原则》将管理会计界定为通过收集、分析、传递和使用决策信息来实现经营价值的管理工具。

与国外管理会计的发展情况相比，我国的管理会计起步较晚，发展缓慢。在计划经济体制下，企业的目标是生产，企业管理者致力于降低生产成本，管理会计属于内部责任会计阶段。在此期间，管理会计的发展仅限于改进会计核算方法，并出现了班组经济、会计制度、价格规划制度和内部结算制度。改革开放后，我国逐渐转向市场经济，管理会计开始关注市场，并吸收了大量西方管理会计的思想。20世纪90年代，目标成本法和标准成本法制度开始在企业中得到广泛应用。1991年，邯郸钢铁推出了"模拟市场推算，实现成本否决"模式，该模式是指企业先推算出市场所能接受的产品价格，再通过倒推成本决定要降低还是要提高产品生产成本，也就是目标成本法的早期应用。

进入21世纪，我国管理会计进入了快速发展时期，标准成本法得到广泛应用。随后，新型的管理会计工具被提出，如作业成本法、平衡计分卡等。从我国管理会计的发展可以看出，我国管理会计长期处于成本核算阶段，缺乏战略和前瞻性。近年来，财政部大力发展管理会计的建设，对管理会计的应用逐渐重视，从2013年以来，管理会计的理论指导逐步走向实践。特别是在2017年《管理会计应用指引》的出台，标志着我国管理会计建设进入了快速推进的新阶段。

二、我国的管理会计政策

自2014年起，我国财务部相继颁布了《关于全面推进管理会计体系建设的指导意见》《管理会计基本指引》和《管理会计应用指引第801号——企业管理会计报告》等在内的22项管理会计应用指引。由此可见，我国近年来对管理会计逐渐重视。

在《指导意见》中，财政部提出当前要大力培养管理会计专业人才，培育大量高端会计精英，大肆鼓励企业内部建立管理会计信息系统，努力解决业务财务不融合的问题。《指导意见》提出了管理会计基本观念、理论框架，并解释了实际操作方法，旨在形成我国特色的管理会计体系，突显发展会计强国的战略。

会计工作作为财政工作重要组成之一，在进行税收改革、预算制度改革等一系列改革中，会计改革也是其中一部分。

在2019年2月20日举行的第五届中国总会计师协会大会上，财政部部长楼继伟要求，面对市场经济的诸多问题，我国会计工作改革势在必行。为构建我国特色管理会计理论体系，我国必须全力推进管理会计体系建设，希望在3~5年内，我国可以涌现一批管理会计师，改善我的市场经济；5~10年的时间，培养大量会计精英，使我国的管理会计在世界有一席之地。

中国总会计师协会第五次全国会员代表大会上，财政部表示，今后应继续进行会计改革，特别是推进管理会计工作的改革。会计在经济和社会发展中发挥着越来越重要的作用，必须抓住此次管理会计改革的机会，将管理会计能力框架视为一项突破，促进管理会计技能的发展，促进管理会计全球发展。

第二节　管理会计基本理论

一、管理会计对象

管理会计的对象是以使用价值管理为基础的价值管理活动，这是因为：

第一，从实质上讲，管理会计的最终对象是企业的生产经营活动。可以说，企业的生产经营活动是管理学各门课程共同研究的对象，各门课程之所以能够相互区分开来，是因为它们基于不同目的、从不同角度、采用不同方法、在不同层面上展开研究。例如，财务会计主要是从外部报表使用者的角度出发，通过凭证、账簿、报表，记账、算账、报账等会计循环工作，对已经发生或已经完成的生产经营活动进行核算，以提供管理所需的会计信息。而财务管理主要是从内部使用者的角度出发，通过筹资、投资、营运和分配等工作，对生产经营活动产生的现金流动进行规划和控制，以提高资金的使用效果。

第二，从管理体现经济效益的角度来看，管理会计的对象是企业生产经营活动中的价值活动。在商品经济条件下，企业的生产经营活动表现为两个方面：一方面表现为使用价值的生产和交换过程；另一方面表现为价值形成和价值增值过程。企业生产产品、提供服务，是为了赚得利润（即获得价值增值）。在这一过程中，管理会计以生产经营活动中价值形成和价值增值过程为对象，通过对使用价值的生产和交换过程的优化，提供信息并参与决策，以实现价值最大增值的目的。

第三，从实践角度来看，管理会计的对象具有复合性的特点。一方面，管理会计致力于使用价值生产和交换过程的优化，强调加强作业管理，其目的在于提高生产效率和工作效率。因此，作业管理必然强调有用作业和无用作业的区分，并致力于消除无用作业。为此，必须按生产经营的内在联系，设计作业环节和作业链，为作业管理和管理会计的实施奠定基础。可以说，作业管理使管理会计的重新构架成为可能。另一方面，在价值形成和价值增值过程中，管理会计强调加强价值管理，其目的在于实现价值的最大增值。因此，价值管理必然强调价值转移、价值增值与价值损耗之间的关系：价值转移是价值增值的前提，减少价值损耗是增加价值增值的手段。为此，必须按照价值转移和增值的环节，设计价值环节和价值链。可以说，价值管理使管理会计的重新构架成为现实。

正是管理会计对象所具有的复合性特征，才使作业管理和价值管理得以统一，并构成完整的管理会计对象，从而与其他课程区别开来。一方面，价值环节和价值链与作业环节和作业链密切联系，基本形成一一对应的关系；另一方面，价值的增值取决于作业环节的减少和无用作业的消除（当然，整个纵向价值链的优化也是价值增值的重要方面），因为作业环节的减少和无用作业的消除将减少资源的耗费，在整个纵向价值链的价值增值额不变的情况下，必然会增加企业的价值增值额。可以说，作业管理和价值管理是管理会计的两个轮子。

二、管理会计目标

管理会计是适应企业加强内部经营管理、提高企业竞争力的需要而产生和发展起来的，管理会计的最终目标是实现价值的最大增值，并实现以下两个分目标：

第一，为管理和决策提供信息。管理会计应向各级管理人员提供这些经过选择和加工的信息：1. 基于企业生产经营活动并与预算、过程控制、报告、考核有关的各类信息，包括历史信息和未来信息。这些信息有利于各级管理者加强对生产经营过程的控制，实现最佳化经营；2. 与维护企业资产安全、完整及资源有效利用有关的各类信息；3. 与股东、债权人及其他外部利益关系者的决策有关的信息，这些信息将有利于投资、借贷及有关法规的实施。

第二，参与企业的经营管理。在现代管理理论的指导下，管理会计正在以各种方式积极参与企业的经营管理，将会计核算推向会计管理。从实践角度看，管理会计以制定各种战略、战术及经营决策、协调和组织企业工作等方式参与管理，不仅有利于各项决策方案的落实，而且有利于企业在总体上兼顾长期、中期和短期利益的最佳化运行。

三、管理会计的基本特征

价值分析要求管理会计完成两个任务：提供信息和参与决策，而完成这两个任务，管理会计必须具有以下两个基本特征：

第一，管理会计应该具有提供信息的计量特征。管理会计之所以是会计，就在于它以会计特有的概念、方法和思维去解释、计量和使用信息，这是区别于其他管理的本质所在。离开了计量就无所谓管理会计。当然，与财务会计以货币计量、反映财务信息为主不同，管理会计主要通过货币计量，既反映财务信息，又反映非财务信息；既反映已经发生和完成的信息，又反映未来发生和完成的信息；既反映企业自身的信息，又反映与企业竞争相关的其他企业信息。可以说，管理会计的计量具有更广阔的视角，兼顾市场、竞争对手和企业内部。

第二，管理会计应该具有参与决策的估值特征。管理会计之所以是管理的会计，就在于利用会计计量属性，形成方案、比较方案、选择方案的估值过程，并在实施方案的过程中监督和评价方案，更主动地参与企业的生产经营管理。

四、管理会计的三个作用基点

管理会计有三个作用基点：资源、作业和流程。资源是企业创造价值的基础，而围绕资源的有效利用，应从作业、流程两个方面入手。

（一）资源

价值分析以资源的有效利用为目标和任务，需要解决以下问题：

第一，什么是资源？资产负债表载明的资产就是一个企业拥有的全部资源吗？显然不是，管理会计认为只要能在未来给企业带来经济利益的都是资源。

第二，企业拥有哪些资源？管理会计认为资源分物质资源（又称传统资源，如资产、负债和所有者权益）和非物质资源（又称管理资源，主要是基于作业、流程、时间的管理活动）。显然管理会计对资源范围的理解更加广泛。

第三，如何有效使用资源？关键在于理解资源的价值取决于资源使用的两个方面：效率和效果，它们共同构成了经济效益的内涵。在此必须解决两个问题：一要区别消耗资源的作业状况，寻找资源动因，为资源的有效利用提供可能；二要明确不同资源的效率内涵是不一样的，如对固定资产而言效率是指使用程度，而对流动资产而言效率是指周转速度。

此外，管理会计人员必须建立各种便于计划制订和利用资源的控制制度，以确保资源的使用符合既定的政策。

（二）作业

作业是指企业生产过程中的各个工序和环节，管理会计研究作业是基于"不同管理、不同需要"。

第一，作业是以人为主体的工作，强调管理的基本属性：通过管人去管物，通过人的行为调整促进使用价值生产过程的优化及价值增值的最大化。

第二，作业消耗一定的资源，促使管理从产生价值的最直接和最小单位入手，达到有限资源的最大利用，达到高效的经济目标。

第三，将作业区分为增值作业（进一步可区分为低增值作业和高增值作业）和非增值作业，为作业选择和流程设计奠定基础，便于企业站在竞争角度调整价值链和作业链，达到社会资源的最佳配置和高效利用。

第四，当确定作业成本后，按不同对象归集不同种类、不同数量的作业成本，可以满足"不同目的、不同成本"的管理需要，使得多维成本计量的管理目标得以实现。寓计算于管理之中，算为管用，算管结合，这一点在信息化趋势下显得更加重要。

（三）流程

流程管理应围绕企业竞争优势的关键指标展开，通过改善和重构企业流程，将资源集中于价值增值的活动，以获取竞争优势。企业的生产经营既是使用价值的生产和交换过程，又是价值的形成和实现过程。

企业的生产经营必然导致物流（产品的生产和销售）、资金流（资金的流入和流出）、价值流（价值的转移和增值）、信息流（信息的生成和利用）。价值链分析必须以物流和资金流为根本，并以信息流反映物流和资金流，通过价值管理，达到最大增值的目标。

五、管理会计的四个循环环节

管理会计循环又称管理会计的实施过程，包括四个循环环节：预算、过程控制、报告和考核。四个环节的确认和展开，一方面便于对各类管理会计工具进行整合，另一方面能够促进管理会计理论框架与实践的结合。

（一）预算

预算是基于战略，面向未来，以资源配置为任务，对企业的业务活动和经营过程进行的规划。目的在于基于竞争战略对各种资源（特别是资金）进行优化配置，以达到资源的最佳运用。众多学者的研究也都证实了预算在中外企业管理中的普遍性和有效性。

在对未来业务活动、经营过程进行预算的过程中，要求管理会计提供高质量的历史和未来信息，形成预测、决策的备选方案，量化并说明未来经济活动对企业的影响，以便选择最优方案。因此，管理会计应对有关信息进行加工处理，去粗取精，去伪存真，以确保所选用信息能够反映经济活动的未来趋势，揭示经济活动的内在比例关系。

（二）过程控制

过程控制是实现预算的过程，其基本目标是确保预算的有效实施，并且通过采用适当的措施（ABC，ABB，BPR，风险控制、集团公司的管理控制等）保证企业生产经营过程的合法、合规，提高企业经营的效率、效果。

过程控制是对企业经济活动按预算要求进行的监督和调整。一方面，企业应监督预算的执行过程，确保经济活动按照预算的要求进行，为完成预算目标奠定基础；另一方面，企业也应对采取的行动及预算本身的质量进行反馈，以确定预算阶段对未来期间影响经济变动各因素的估计是否充分、准确，从而调整预算或工作方式，确保目标实现。

为了实现控制职能，企业应建立完善的控制体系，确保该控制体系所提供的与经济活动有关的信息真实、完整，能够适时、有效地调整预算及管理人员的行为。

（三）报告

报告是在管理过程中或管理过程结束后以一定方式反映生产经营活动及其结果，为相关管理者提供管理数据，进行有效的控制和考核。在这一过程中，管理会计应向企业内部各相关管理者报告其所需的历史或未来事项的信息，这些信息可能涉及财务会计、材料物资、人力资源、市场以及受规章限制的内外环境。除向企业内部报告外，管理会计还向股东、债权人、政府规章制定机构和税务当局等外部组织提供相应的信息。

报告是管理者获得信息的重要渠道，管理会计应对与企业管理活动有关的各种内外信息做出解释，并揭示信息所隐含的内容，如相关性、可靠性。因此，管理会计不仅要了解信息的来源，还要了解信息的用途。

（四）考核

考核是对预算执行结果的评价过程，其目标是通过采取适当的指标和方法（ROE，EVA，杜邦财务分析，平衡计分卡等）保证企业预算的实现。

第五章 企业管理会计基础

第一节 变动成本法

一、成本的类型划分

经济的发展以及市场竞争的强化，推动了企业内部决策和管理控制实践的持续改进，管理会计领域中许多新的成本概念应运而生。它们出于决策的需要，不再局限于财务会计领域权责发生制基础上的成本或费用范畴，从而与财务会计领域对外财务报告用途下的成本概念既有相同之处，也有不同之处，这也是管理会计与财务会计既有区别又有联系的重要体现。

（一）按成本的经济用途划分

基于企业已经发生的资源消耗，成本按经济用途可以分为制造成本和非制造成本两大类，这是财务会计领域中有关成本分类的最主要方法，也是一种传统的成本分类方法。其分类结果主要用来确定产品成本、存货成本和期间损益，满足对外财务报告的需要。

1. 制造成本

制造成本也称为生产成本或生产经营成本，是指为制造（生产）产品或提供劳务而发生的支出。就制造企业而言，制造成本可根据其具体的经济用途分为三类。

（1）直接人工。指在制造过程中直接对制造对象施加影响以改变其性质或形态所耗费的人工成本。核算上即为生产工人的工资。

（2）直接材料。指在制造过程中直接用以构成产品主要实体的各种材料成本。这里所说的材料是指构成其产品的各种物资，当然也包括外购半成品，而不仅仅指各种天然的、初级的原材料。

直接人工与直接材料的共同特征是，都可以将其成本准确、直接地归属于某一种产品，最能体现成本"对象性"这一传统的本质属性。

（3）制造费用。指为制造产品或提供劳务而发生的各项间接费用。从核算的角度讲，制造费用包括直接人工、直接材料以外的为制造产品或提供劳务而发生的全部支出，这部分支出一般情况下需分配计入不同产品。

生产方式的改变或改进对上述直接人工、直接材料和制造费用的划分或三者的构成有直接影响。当制造费用按一定的标准在各受益对象即产品中分配完毕后，制造成本也就演化成为所谓的"产品成本"，即以产品品种来识别的成本。

2. 非制造成本

非制造成本也称为期间成本或期间费用，通常可分为销售成本、管理成本和财务成本。销售成本指为销售产品而发生的各项成本，如专职销售人员的工资、津贴和差旅费，专门销售机构固定资产的折旧费、保险费、广告费、运输费等；管理成本指制造成本和销售成本以外的所有办公和管理费用，如董事会经费，行政管理人员的工资、差旅费、办公费，行政管理部门固定资产的折旧费及相应的保险费和财产税等；财务成本则是企业理财过程中发生的各种成本，如借款的利息支出。

销售成本与管理成本的共同点是其成本支出可以使企业整体受益，但难以描述这项支出与特定产品之间的因果关系。销售成本中某些支出如运输费、差旅费可能与某种产品有直接关系，但由于这种关系涉及客户和供应商两方，本次支出对未来收益的影响需要进行评估，这种关系仍难以描述，这些支出也就难以直接归属到某一特定产品或服务了。因此，销售成本和管理成本在财务上被处理为期间成本，直接计入了当期损益，国际惯例如此，我国《企业会计准则》也对此做出了明确规定。

（二）按成本的性态划分

对于企业已经发生的资源消耗，需要开展成本分析，为什么会发生这些成本，它们围绕什么因素变化，从而探索企业成本变化的规律，在西方的管理会计教材中也称作成本行为（cost behavior）。由成本变化规律衍生出一个关键概念，这就是成本性态，也称成本习性。所谓成本形态是指成本总额对业务总量（产量或销售量）的依存关系。成本总额对业务总量的依存关系是客观存在的，而且具有规律性。对成本按性态进行划分可以说是管理会计这一学科的重要基石，管理会计作为决策会计的角色，其许多决策方法尤其是短期决策方法都需要借助成本性态这一概念。按照成本总额是否围绕业务总量变化，成本按性态可以分为以下三类：

1. 固定成本

固定成本是指其总额在一定期间和一定业务量范围内，不受业务量变动的影响而保持固定不变的成本。行政管理人员的工资、办公费、财产保险费、不动产税、按直线法计提的固定资产折旧费、职工教育培训费等，均属于固定成本。固定成本总额不受业务总量变动的影响，但单位业务量所负担的固定成本直接受业务总量变动的影响。

符合固定成本概念的支出在"固定性"的强弱上是有差别的，所以固定成本又细分为酌量性固定成本和约束性固定成本。从短期决策的角度看，酌量性固定成本及约束性固定成本与企业的业务量水平均无直接关系。

2. 变动成本

变动成本是指在一定期间和一定业务量范围内，其总额随着业务量的变动而呈正比例变动的成本。例如，直接材料费、产品包装费、按件计酬的工人薪金、推销佣金以及按加工量计算的固定资产折旧费等，均属于变动成本。与固定成本形成鲜明对照的是，变动成本的总量随业务量的变化呈正比例变动关系，而单位业务量中的变动成本则保持不变。

借用固定成本分类的思想，变动成本也可以分为酌量性变动成本和约束性变动成本。对特定产品而言，酌量性变动成本和约束性变动成本的单位量是确定的，其总量均随着产品产量（或销量）的变动而呈正比例变动。

3. 混合成本

混合成本顾名思义是指混合了固定成本和变动成本两种不同性态的成本。如前所述，为了进行决策特别是短期决策，需要将成本按性态划分为固定成本和变动成本。但在现实经济生活中，许多成本项目并不直接表现为固定成本性态或者变动成本性态，这类成本的基本特征是，其发生额的高低虽然直接受业务量大小的影响，但不存在严格的比例关系，人们需要对混合成本按性态进行近似的描述，只有这样才能为决策所用。

其实，企业的总成本就是一项混合成本，一项最大的混合成本。混合成本根据其发生的具体情况，通常可以分为三类：半变动成本、半固定成本、延伸变动成本。

需要说明的是，现实经济生活中，成本的种类繁杂、形态各异，上面所讲的变动成本、固定成本和各种混合成本不能囊括成本的内容，但我们总是可以将其近似地描述为某种性态。

（三）按成本的高低划分

企业经营决策中，需要通过比较不同备选方案经济效益的大小进行最优化选择。而影响经济效益大小的一个重要因素就是成本的高低，在某些情况下（如成本型决策中），成本的高低甚至决定了备选方案的优劣。当然，与财务会计相比，管理会计进行决策所应用的成本概念在内涵和外延上都有很大不同。

1. 机会成本

企业在进行经营决策时，必须从多个备选方案中选择一个最优方案，而放弃其余方案的最大潜在收益就称为已选中方案的机会成本。由此可见，机会成本是指企业在经营决策选定方案时所要放弃的最大潜在收益。机会成本与财务会计之前的成本概念存在明显的不同，它是在决策时预测和评估得到的，并非企业的切实资源耗费。应用机会成本进行决策时意味着选择一个给定方案时，应考虑其余备选方案的潜在收益，进行全面比较、评价。

应注意的是，由于机会成本只是被放弃方案的潜在利益，而非实际支出，因而不能据以登记入账。但由于公司资源的有限性，必须充分利用资源效益，所以机会成本在经营决策中应作为一个现实的重要因素予以考虑。

2. 边际成本

企业在经营决策中需要对决策相关成本开展分析，一个重要的分析方法来自微观经济学中边际的概念，即对成本总额计算其边际成本。从理论上讲，边际成本是指业务量每变动一个单位所引起成本的变化。在已知成本函数时，边际成本可以通过一阶微分的方式计算得到，从而令成本分析不再囿于具体的数据，可以形成更具有一般性的分析结论。

边际成本和变动成本是有区别的，变动成本反映的是增加单位产量所追加成本的平均变动额，而边际成本是每增加1个单位产量所追加的成本的实际数额。所以，只有在相关范围内，增加1个单位产量的单位变动成本才能和边际成本相一致。

3. 沉没成本与付现成本

决策相关成本与无关成本可以具体体现为沉没成本与付现成本。沉没成本是指过去已经发生并无法由现在或将来的任何决策所改变的成本。由于沉没成本是对现在或将来的任何决策都无影响的成本，因此决策时不予考虑。

沉没成本是企业在以前经营活动中已经支付现金，而在现在或将来经营期间摊入成本费用的支出，如固定资产、无形资产、递延资产等均属于企业的沉没成本。付现成本是指由现在或将来的任何决策所能够改变其支出数额的成本。付现成本是决策必须考虑的重要影响因素。

4. 专属成本与联合成本

将成本性态的概念融入决策相关性中，就会出现一个疑问，那些不随业务量变化的固定成本是否与决策有关。事实上，固定成本按其所涉及决策影响范围的大小，划分为专属成本和联合成本。

专属成本是指可以明确归属于企业生产的某种产品，或为企业设置的某个部门而发生的固定成本。没有这些产品或部门，就不会发生这些成本，所以专属成本是与特定产品或部门相联系的特定成本。

联合成本是指为多种产品的生产或为多个部门的设置而发生的，应由这些产品或这些部门共同负担的成本。

在进行方案选择时，专属成本是与决策有关的成本，必须予以考虑；而联合成本则是与决策无关的成本，可以不予考虑。

5. 相关成本与无关成本

企业在进行经营决策时，可供选择的多种方案中所涉及的各种成本，有些与方案选择有关，而有些则无关。

相关成本是对决策有影响的各种形式的未来成本，如机会成本、边际成本、付现成本、专属成本、差量成本、酌量性成本等。

那些对决策没有影响的成本，称为无关成本。这类成本过去已经发生，或对未来决策没有影响，因而在决策时不予考虑，如沉没成本、联合成本、约束性成本等。

需要指出的是，某项成本到底属于相关成本还是无关成本，必须结合具体的决策来论，抛开决策内容而论成本的相关性是没有意义的。换句话说，成本的无关性是相对的，相关性是绝对的。

二、变动成本法与完全成本法

变动成本法与完全成本法的根本区别在于如何看待固定性制造费用，从而也决定了两种成本计算方法各自的特点。以此为线索，通过对比完全成本法与变动成本法，可以进一步认识这两种方法的优点和不足。

（一）变动成本法

变动成本法能在管理会计实践中获得应用，一个关键的原因是以成本性态的分解为基础，并由此延伸出如下特点：

1. 以成本性态分析为基础计算产品成本。变动成本法将产品的制造成本按成本性态划分为变动性制造费用和固定性制造费用两部分，并基于经营决策的成本相关性概念，认为只有变动性制造费用才与产品制造决策相关，应构成产品成本并在产品销售收入中获得补偿。而固定性制造费用是短期内经营决策无法改变的成本，与产品的销量无关，只与企业是否生产有关，因此不应列为产品制造成本，而是作为期间成本处理。或者说，变动成本法认为固定性制造费用应该属于为取得收益而已然丧失的资产。

2. 强调销售环节对企业利润的贡献。变动成本法将固定性制造费用作为期间成本，产品只包含变动成本，使得存货部分不再负担固定性制造费用。于是，当销售品种构成、销售价格、单位变动成本不变时，企业利润将只随销售数量的变化而变化，销售量大则利润高，导致变动成本法下的经营损益对销量的变化更为敏感。这一点在买方市场中（即供应量大于需求量的环境）对企业经营有指导意义。

3. 变动成本法是管理会计开展本量利分析的基础。产品销售收入与产品成本（变动成本）的差量对应着管理会计的一个重要概念——贡献毛益，因此变动成本法提供的信息可以直接应用于企业的经营决策分析，促使企业关注成本性态背后的成本变化规律对利润的影响。

变动成本法提供的损益信息、贡献毛益信息与销量变化更敏感，促使企业在经营决策中更重视销售环节，将注意力更多地集中在分析市场动态、开拓销售渠道、搞好售后服务方面，符合竞争市场环境下企业经营决策的要求。

此外，变动成本法将固定性制造费用全部作为期间成本从贡献毛益中扣除，省去了固定性制造费用的分摊工作，避免了固定性制造费用分摊中的主观随意性。

当然，变动成本法也有一定局限性，主要表现在：①按变动成本法计算的产品成本不符合会计准则和税法的有关要求；②按成本性态确定产品成本构成，在很大程度上依赖成本按性态分解的合理性与可靠性。

（二）完全成本法

与变动成本法相比，完全成本法最主要的特点是不区分成本的性态，产品成本既包含变动成本部分，也包含固定性制造费用。因此，完全成本法有如下特点：

1. 强调固定性制造费用和变动性制造费用在成本补偿方式上的一致性。完全成本法认为，只要是与产品生产有关的耗费，均应从产品销售收入中得到补偿，固定性制造费用不应被人为地区别对待。

2. 强调生产环节对企业利润的贡献。这一点在卖方市场中（即供应量小于需求量的环境）显然有指导意义。

可以说，完全成本法符合公认会计准则的要求，即成本核算应当反映企业全部的资源耗费。固定制造费用作为制造环节的关键消耗，应该按照相关性原则和权责发生制完整、及时、准确地计入产品成本。所以，完全成本法核算的成本可以直接用于对外报告，避免了变动成本法只能满足对内决策需要的不足。

因此，在评价和应用变动成本法与完全成本法时，应注意和强调成本信息决策有用性的差异（如不同市场环境下，管理的目的不同；不同利益主体，其考核角度不同），不能简单处理。

第二节 本量利分析

一、本量利分析的基本假设

管理会计服务于决策的重要方法之一是对成本、业务量和利润之间的内在规律进行系统性分析，这一分析方法被称为本量利分析（也称 CVP 分析，cast-volume-profit analysis）。本量利分析基于动态环境进行分析，需要在理论上做出一系列的基本假设，以概括和简化现实。

（一）相关范围假设

在分析一项成本究竟是变动成本还是固定成本时，均限定在一定的相关范围内，这个相关范围就是成本按性态划分的基本假设，同时，它也构成了本量利分析的基本假设之一。所谓的相关范围，更确切的是在一定期间和一定业务量范围内，包含期间假设和业务量假设两层意思。

1. 期间假设。无论是固定成本还是变动成本，其固定性与变动性均体现在特定的期间内。随着时间的推移，固定成本的总额及其内容会发生变化，单位变动成本的数额及其内容也会发生变化。所以，成本性态和以此为基础的本量利分析也是基于一定期间展开分析的。

2. 业务量假设。同样，对成本按性态进行划分得到的固定成本和变动成本，是在一定业务量范围内分析和计量的结果，当业务量发生较大变化时，成本性态是有可能变化的，所以，成本性态和以此为基础的本量利分析也是基于一定业务量范畴展开分析的。

（二）模型线性假设

考虑到本量利分析是在成本性态划分基础上发展起来的，利润是收入减成本的结果，而混合成本的分解更多依赖回归直线法等分析技术，所以本量利分析将通过一系列与线性关系有关的假设限定整个分析的范畴。

1. 固定成本不变假设。本量利分析中的模型线性假设首先是固定成本不变，用模型来表示就是 $\alpha = \alpha'$（α 为固定成本，α' 为常数）。也就是说，在企业经营能力的相关范围内，固定成本保持不变，即在一定期间和业务量范围内固定成本曲线为一条水平线。

2. 单位变动成本不变假设。与固定成本的假设近似，变动成本的假设是在一定的相关范围内假设单位变动成本不变，或者说假设变动成本总额呈完全线性。单位变动成本与业务量之间的完全线性关系用模型来表示就是 $b = b'x$（b 为变动成本总额，b' 为单位变动成本，x 为业务量）。基于完全线性假设，变动成本的曲线就表现为一条从原点出发的直线，该直线的斜率就是单位变动成本。

3. 销售单价不变假设。这一假设等价于假设销售价格不变。在本量利分析中，通常假设销售价格为一个常数，这样销售收入与销售数量之间就呈现一种完全线性关系，用数学模型来表示就是 $I = I'x$（I 为销售收入，I' 为销售单价，x 为销售数量）。表示在坐标图中也是一条过原点的直线，其斜率就是销售单价。

（三）产销平衡假设

本量利分析的核心是分析业务量作为驱动因素如何引起成本和利润的变化。而在分析业务量的变化时，对应着产量和销量两种指标，而且产销不平衡以及由此出现的存货问题会将分析引向一系列复杂的情形。为简化问题，基本的本量利分析假定产销平衡，即产量与销量相等。对现实中存在的产销不平衡情形和存货问题，都可以基于本量利分析的原理予以扩展。

（四）品种结构不变假设

本假设是指在一个多品种生产和销售的企业中，各种产品的销售收入在总收入中所占的比重不变。由于多品种条件下各种产品的获利能力一般会有所不同，有时差异还比较大，如果企业产销的产品品种结构发生较大变动，势必导致预计利润与实际利润之间出现较大的"非预计性"出入。

（五） 本量利分析假设体系的内在关系

上述假设之间的关系是：相关范围假设是最基本的假设，是本量利分析的出发点；模型线性假设则是相关范围假设的延伸；产销平衡假设与品种结构不变假设又是对模型线性假设的进一步补充；同时，品种结构不变假设又是多品种条件下产销平衡假设的前提条件。

上述诸假设的背后都有一个共同的假设——成本性态可分，即企业的全部成本可以合理地或者说比较准确地分解为固定成本与变动成本；否则，本量利分析的结果和作用至少要打些折扣。

二、本量利分析方法

（一） 盈亏临界点分析

盈亏临界点有多种称谓，如盈亏分歧点、保本点、两平点等，具体是指收入和成本刚好相抵时的销售量或销售额。盈亏临界点分析是本量利分析的基础，企业在规划目标利润、控制利润完成情况、估计经营风险时都要用到。盈亏临界点分析就是根据成本、销售收入、利润等因素之间的函数关系，预测企业在什么情况下达到盈亏平衡的状态。

盈亏临界点分析旨在研究成本、销售收入与业务量之间处于什么变化规律时，可以帮助企业实现盈亏平衡或保本。这一分析所提供的信息对于企业合理计划和有效控制经营过程比较有用，如预测成本、收入、利润和预计售价、销量、成本水平的变动对利润的影响等。

基于盈亏临界点的定义，盈亏临界点分析首先涉及的是收入与成本的关系，在相关范围内，在一系列线性假设下，盈亏临界点分析的重心在于收入与变动成本和固定成本的关系如何受业务量的影响。为此，管理会计领域发展出一个新的盈利概念，这就是贡献毛益（contribution margin），它还有许多别的称呼，如创利额、边际利润、临界收益等。贡献毛益的公式定义如下：

$$贡献毛益 = 销售收入 - 变动成本 \qquad (5-1)$$

$$贡献毛益率 = （销售收入 - 变动成本）/ 销售收入$$

$$= （销售单价 - 单位变动成本）/ 销售单价 \qquad (5-2)$$

贡献毛益是指销售收入扣除变动成本后为企业做的盈利贡献。在变动成本法下，变动成本即为企业产品的全部成本，所以收入减去产品的变动成本得到的贡献毛益就是变动成本法下的产品利润。

考虑到广义的变动成本既包括制造过程中的变动成本（即产品变动成本），还包括非制造过程中的变动成本（即期间变动成本），所以，贡献毛益还可以具体分为制造贡献毛益和营业贡献毛益。制造贡献毛益是指产品销售收入减去产品自身的变动成本后为企业带来的盈利贡献，而营业贡献毛益是指企业全部收入减去产品的变动成本以及期间变动成本后为企业带来的盈利贡献。

（二）实现目标利润分析

企业的目标利润可以是一个给定的盈利目标，也可以是相对极端的情况，如实现保本或者控制住亏损的幅度等。所以，盈亏临界点实际上是一种特定类型的目标利润状态。本量利分析需要结合目标利润，分析企业实现目标利润需要达到的业务量水平，包括销售量、销售额等，其中各个因素的变动都会影响目标利润的实现。此外，在进行实现税后目标利润的分析时，所得税税率的变动也会有影响，以下分别进行具体说明：

1. 固定成本变动对实现目标利润的影响。从实现目标利润的模型中可以看出，若其他条件既定，固定成本与目标利润之间是此消彼长的关系。固定成本降低，则目标利润增大，或者会使实现目标利润的销售量降低。

2. 单位变动成本变动对实现目标利润的影响。单位变动成本是指单位产品的材料成本一项，对单位变动成本升降对利润影响的分析，实际上是对该企业原材料成本（价格）升降对利润影响的分析。

3. 单位售价变动对实现目标利润的影响。正如在盈亏临界点分析中所指出的，单位售价的变动对盈亏临界点的影响最为直接，对实现目标利润的影响也是一样。

4. 多种因素同时变动对实现目标利润的影响。在现实经济生活中，除了所得税税率这一因素，上述影响利润的诸因素之间是有关联的，只不过有的关联性较强，有的较弱。比如为了提高产品的产量，往往需要增加生产设备，这就会使折旧费用这项固定成本增加；而为了使产品顺利地销售出去，可能又会增加广告费这项固定成本。企业采取诸如降低固定成本、单位变动成本或者提高单价等单项措施，可以使利润提高，但往往更多地采取综合措施以实现目标利润，这就需要反复进行权衡和测算。

（三）本量利关系中的敏感性分析

敏感性分析是一种应用广泛的分析方法，其分析原理来自经济学中弹性的概念，具体是指当几个因素共同影响利润的实现时，每次只分析其中一个因素的变化幅度会引起利润时变化幅度。这一分析方法得到的结果称为敏感性系数。

敏感性分析是本量利分析中的重要组成部分，可以用于揭示企业实现目标利润涉及的每项因素的影响程度，从而引导企业的决策者关注这些因素的影响程度，合理制定利润目标、开展成本管理、设定业务量规模，等等。

1. 有关因素临界值的确定方法

销售量、单价、单位变动成本和固定成本的变化都会对利润产生影响。当这种影响是消极的且达到一定程度时，就会使企业的利润为零而进入盈亏临界状态；如果这种变化超出上述程度，企业就转入亏损状态，发生了质的变化。敏感性分析的目的就是确定能引起这种质变的各因素变化的临界值。简单来说，就是求取达到盈亏临界点的销售量和单价的最小允许值以及单位变动成本和固定成本的最大允许值，这种方法也称为最大最小法。

2. 有关因素变化对利润变化的影响程度

销售量、单价、单位变动成本和固定成本诸因素的变化，都会对利润产生影响，但在影响程度上存在差别。有的因素虽然只发生了较小的变动，却导致利润发生了很大变化；换言之，利润对这些因素的变化十分敏感，这些因素也因此称为敏感因素。与此相反，有的因素虽然变化并不算小，但利润的变化却不大；也就是说，利润对这些因素的变化并不敏感，这些因素称为非敏感因素。企业的决策人员需要知道利润对哪些因素的变化比较敏感，对哪些因素的变化不太敏感，以便分清主次，抓住重点，确保目标利润的实现。

反映敏感程度的指标称为敏感系数，其计算公式为：

$$敏感系数 = \frac{目标值变动百分比}{因素值变动百分比} \tag{5-3}$$

式中：敏感系数若为正值，表明它与利润为同向增减关系；敏感系数若为负值，表明它与利润为反向增减关系。

基于敏感系数的通项公式和一阶微分原理，影响利润的各项因素（如价格、单位变动成本、固定成本等）的影响程度，即敏感系数，可定义为：利润对该因素的一阶偏导×（该因素的原值/利润的原值）。

3. 敏感性分析与经营杠杆

（1）在本量利分析的基本假设下，企业利润函数是线性表达，与销售价格、单位变动成本、销售量和固定成本这四个因素相关。当可以写出利润函数的表达式时，运用经济学弹性的概念，将利润函数对以上四个因素分别求一阶导数，则可以得到销售价格对利润总额的敏感性系数、单位变动成本对利润总额的敏感性系数、销售量对利润总额的敏感性系数以及固定成本对利润总额的敏感性系数。这就是运用经济学原理和数学分析工具所得到的一般性规律，也是本量利分析广泛应用于企业决策和管理实践中的重要体现。

（2）在管理会计领域，固定成本会带来经营杠杆效应，是一个重要的概念。经营杠杆系数通过公式推导，可以发现就是指销售量对利润的敏感系数，其含义是销售量的一个较小的变动可以导致利润的较大变动，原因就在于单位固定成本随着销量增加呈边际递减的规律。所以，经营杠杆系数指引着企业薄利多销和产能建设的决策。

（3）敏感性分析中的临界值问题与敏感系数问题，实际上是一个问题的两个方面。某一因素达到临界值前的容忍程度越高，则利润对这项因素就越不敏感；反之，容忍程度越低，则表明利润对该因素越敏感。

第三节　经营预测与经营决策

一、经营预测

在企业经营管理情境下开展的经营预测是运用预测学的诸多方法或基本理念，结合企业历史、当前的信息，推断企业决策有关事项在未来一段期间可能发生变化的内容如下。

（一）企业成本预测

成本预测是经营预测的重要方面，是企业开展成本管理的重要环节。企业需要结合未来可能发生的各种变化，预测成本动因的变化，进而预测成本总额的变化。

1. 成本预测的构成

（1）成本预测的对象。通常是围绕企业运营的关键流程涉及的各个成本对象开展，所以，成本预测对象具体包括成本各个组成项目的预测、成本动因的预测以及成本总额的预测等。围绕这些对象运用的预测方法则有定量和定性分析方法等。

（2）让成本预测的时间基础。通常分为两种：

1）近期预测（月、季、年等）。近期成本预测是经营决策的关键环节，通常是年度成本预测或季度成本预测。

2）远期预测（2年、3年、5年等）。远期成本预测通常用于战略成本管理，要综合分析和预判宏观经济变动对企业产能规模及其布局变动的影响、对企业供应商合作关系的影响、对企业渠道布局的影响等，进而分析这些因素对企业成本总额或成本结构的长期影响。

（3）成本预测的参照系。企业成本的历史趋势、同行业成本的整体水平与结构、主要竞争对手的成本水平与结构等均可以成为成本预测的参考依据。给定成本预测的方法，企业开展成本预测的主要管理用途包括通过成本预测掌握未来的成本水平及其变动趋势，编制成本计划，为成本控制、成本分析和成本考核提供依据。为此，企业的成本预测常常与企业的经营目标乃至战略目标挂钩，由企业内部的各部门协同组织，共同完成。

总之，企业的成本预测应当保证预测方法的科学性、合理性，且应具有一定的应变能力，考虑可能发生的因素变化，拟定应变措施，使成本预测方案更能够应对复杂多变的企业内外部环境。

2. 成本预测的方法

（1）基于目标成本法的成本预测。企业通常会根据经营目标确立目标成本，并根据预测分析方法判断目标成本是否可以实现；当目标成本无法实现时，应如何修正，由此形成不同的成本预测方案。成本预测可以包含：①根据企业的经营总目标，提出初选的目标成本；②初步预测在当前生产经营条件下成本可能达到的水平，并找出与初选目标成本的差距；③提出各种成本降低方案，对比、分析各种成本降低方案的经济效果；④选择成本最优方案并确定正式目标成本。

（2）基于成本动因的预测变化分析。企业开展成本预测，需要预测各项成本动因的潜在变化对当前目标成本的影响，即预测成本动因的变化并分析其对产品成本的影响。由此，成本预测往往形成多个预测方案。在测算各项成本管理措施对产品成本的影响程度时，应抓住影响成本的重点因素，结合企业制造成本的常见构成，如直接材料、直接入库等项目进行。企业的成本预测一般基于这些项目的变动开展预测，涉及的成本管理举措一般有节约原材料的消耗，提高劳动生产率，合理利用设备，节约管理费用，减少废品损失等，等等。

基于以上成本动因的预计变化，企业预测对产品成本的影响，所采用的预测方法主要依据敏感性分析原理，先给定其他因素，逐一预测分析其中一个成本项目的变动对产品总成本的影响；再放松更多的因素变动，预测多个因素同时变动引起产品总成本的变化。

（3）基于成本预测的成本降低方案。成本预测的管理用途之一是提出成本降低方案。基于成本预测结论，企业可以从改进产品设计、改善生产经营管理、控制管理费用等几个方面着手，既要能降低成本，又要保证生产和产品质量。

（二）企业资金需要量预测

资金需要量的预测是以预测期企业生产经营规模的发展和资金利用效果的提高等为依据，在分析有关历史资料、技术经济条件和发展规划的基础上，运用科学合理的方法，对预测期资金需要量进行科学的预计和测算。

资金需要量的预测在提高企业经营管理水平和企业经济效益方面具有十分重要的意义：①资金需要量的预测是企业安排运营资金和筹集资金的主要依据；②资金需要量的预测是提高经济效益的重要手段；③资金需要量的预测是编制资金预算的必要步骤。资金需要量的预测包括资金需要总量预测、固定资金需要量预测和流动资金需要量预测三大类。

1. 资金需要总量预测

在资金需要总量预测中，常用的方法有资金增长趋势预测法和预计资产负债表法。

（1）资金增长趋势预测法。资金增长趋势预测法，是运用回归分析法（最小二乘法）原理对过去若干期间销售收入（或销售量）及资金需要量的历史资料进行分析、计量后，确定反映销售收入与资金需用量之间的回归直线，并据以推算未来期间资金需要量的一种方法。

虽然影响资金总量变动的因素很多，但从短期经营决策角度看，引起资金发生增减变动的最直接、最重要的因素是销售收入。在其他因素不变的情况下，销售收入增加，往往意味着企业生产规模扩大，从而需要更多的资金；相反，销售收入减少，往往意味着企业生产规模缩小，所需资金也就随之减少。因此，资金需要量与销售收入之间存在内在的联系，利用这种联系可以建立数学模型，用来预测未来期间销售收入达到一定水平时的资金需要总量。

（2）预计资产负债表法。预计资产负债表法是通过编制预计资产负债表来预计预测期的资产、负债和留用利润，从而测算外部资金需要量的一种方法。

资产负债表是反映企业某一时点资金占用（资产）和资金来源（负债和所有者权益之和）平衡状况的会计报表。企业增加的资产，必然是通过增加负债或所有者权益的途径予以解决的。因此，通过预计资产的增减，可以确定需要从外部筹措的资金数额。

在制造业背景下，企业经营活动的资金来源主要是销售活动，销售的规模决定了企业的生产规模和运营资金占用，所以预计资产负债表方法预计企业的资金需要量，可以以销售收入为锚，估算企业主要的资产负债项目与销售收入的比例关系，并假定在短期内这一关系不会发生重大改变，从而基于上述比例关系，推断企业下一期的资产负债和相应的资金需要量。

2. 固定资金需要量预测

固定资金需要量预测是对未来一定时期内企业进行生产经营活动所需固定资金进行预计和测算。要预测固定资金需要量，首先要预测固定资产的需要量。固定资产需要量的预测是根据企业的生产经营方向、生产经营任务和现有的生产能力，预计和测算企业为完成生产经营任务所需要的固定资产数量。固定资产需要量的预测既要保证生产经营的正常需要，又要尽可能地节约资金、减少占用；既要考虑企业现有的技术条件，充分利用、挖掘现有的生产经营能力，又要尽可能地采用先进的科学技术成果，不断提高企业生产经营技术的现代化水平。

由于企业的固定资产种类繁多，生产经营活动对各类固定资产需要的具体情况非常复杂，所从事的行业不同，其差别也很大，预测时不可能逐一详细计算，必须有重点地进行。在工业企业全部固定资产中，生产设备是企业进行生产经营活动的主要物质技术基础，是决定生产经营的基本因素。它品种繁多、构成复杂、数量很大、占用资金最多，因此固定资产需要量的预测应以生产设备为重点。在正确预测生产设备需要量的基础上，其他各类固定资产可以根据生产设备配套的需要量合理地进行测算。

3. 流动资金需要量预测

预测流动资金需要量的方法很多，最常见的有资金占用比例法、周转期预测法、因素测算法和余额测算法。

（1）资金占用比例法。资金占用比例法是指企业根据预测期确定的相关指标，按基年流动资金实际平均占用额与相关指标的比例关系来预测流动资金需要总量的一种方法。

（2）周转期预测法。周转期预测法又称定额日数计算法，它是根据流动资金完成一次循环所需要的日数（资金定额日数）和每日平均周转额（每日平均资金占用额）来计算流动资金需要量的一种方法，该方法计算复杂，但结果精确，是预测流动资金需要量的基本方法。

（3）因素测算法。因素测算法又称分析调整法，它是以有关流动资金项目上年度的实际平均需用量为基础，根据预测年度的生产经营任务和加速流动资金周转的要求进行分析调整，来预测流动资金需用量的一种方法。该方法计算比较简单、易掌握，但预测结果不太精确，常用于品种繁多、规格复杂、用量较小、价格较低的资金占用项目的预测。采用这种方法时，首先应在上年度流动资金平均占用额的基础上，剔除呆滞积压不合理部分，然后根据预测期的生产经营任务和加速流动资金周转的要求进行测算。

（4）余额测算法。余额测算法是以上年结转余额为基础，根据预测年度发生数额、摊销数额来测算流动资金需要量的一种方法。该方法适用于流动资金占用数额比较稳定的项目，如待摊费用。

（三）企业销售预测

企业在激烈竞争的市场环境中，销售预测对于其他预测（成本预测、利润预测以及资金需要量预测等）起着决定性的引导作用，并成为制定企业经营决策的最重要依据。做好销售预测，才能相互衔接地开展好其他各项经营预测。

1. 定性销售预测

定性销售预测又称为定性分析法，主要依靠预测人员丰富的实践经验和知识以及主观的分析判断能力，在考虑政治经济形势、市场变化、经济政策、消费倾向等各项因素对经营影响的前提下，对事物的性质和发展趋势进行预测和推测的分析方法。由于经济生活的复杂性，并非所有影响因素都可以进行定量分析，某些因素只有定性的特征；定量分析本身也存在局限性，任何数学方法都不能概括所有复杂的经济变化情况。必须根据具体情况，把定量分析与定性分析方法结合起来使用，才能取得良好的效果。

（1）判断分析法。判断分析法是指销售人员根据直觉判断进行预估，然后由销售经理加以综合，从而得出企业总体的销售预测的一种方法。销售人员接近和了解市场，熟悉自己所负责区域的情况，用这种方法得出的预测数据比较接近实际情况。

采用这种方法，便于给各销售人员分配销售任务，发挥其积极性，激励他们努力完成各自的销售任务。但是，受各种因素的影响，销售人员的预测也会出现偏差，因此对销售人员的预测需要进行修正。

（2）调查分析法。调查分析法是指通过对有代表性顾客的消费意向的调查，了解市场需求的变化趋势，进行销售预测的一种方法。公司的销售取决于顾客的购买，顾客的消费意向是销售预测中最有价值的信息。通过调查，可以了解顾客明年的购买量，顾客的财务状况和经营成果，顾客的爱好、习惯和购买力的变化，顾客购买本公司产品占其总需要量的比重和选择供应商的标准，这对销售预测将更有帮助。

2. 定量销售预测

定量销售预测也称数量分析法，主要应用数学方法对与销售有关的各种经济信息进行科学的加工处理，建立相应的数学模型，充分揭示各有关变量之间的规律性联系，做出相应预测结论的分析方法。

（1）趋势预测分析法。趋势预测分析法是指根据企业历史的、按发生时间的先后顺序排列的一系列销售数据，应用一定的数学方法进行加工处理，按时间数列找出销售随时间而发展变化的趋势，由此推断其未来发展趋势的分析方法。这种方法假设事物的发展将遵循"延续性原则"，是可以预测的。常用的趋势分析法包括：

（2）因果预测分析法。影响产品销售的因素是多方面的，既有企业外部因素，也有企业内部因素；既有客观因素，又有主观因素。在这些因素中，只要找到与产品销售（因变量）相关的因素（自变量）以及它们之间的函数关系，就可以利用这种函数关系进行产品的销售预测，这种销售预测方法就是因果预测分析法。

（3）季节预测分析法。每年重复出现的周期性变动，被称为季节性变动。季节性变动的周期为 12 个月，许多行业的产品销售具有季节性变动的特点。农产品的季节性变动甚于工业品，消费品甚于生产资料，非耐用消费品甚于耐用消费品。对销售具有季节性变动特点的产品进行销售预测时，应当充分考虑季节性变动的影响。

季节预测分析法是前面各种方法在考虑季节因素情况下的一种变化。此外，市场营销学科还提供了许多与销售预测有关的方法，可以综合运用这些学科的方法推动销售预测的科学性。

（四）企业利润预测

企业利润是收入与各项成本相抵后的结果，企业要合理规划利润，分析各项因素对实现目标利润的影响，就要采用科学、可行的方法开展利润预测。

利润预测是按照企业经营目标的要求，通过对影响利润变化的成本、产销量等因素的综合分析，对未来一定时间内可能达到的利润水平和变化趋势进行的科学预测。对企业利润的预测可采用以下两种方法：

1. 直接预测法

直接预测法是参照本—量—利分析的思路，通过预测收入和成本，并将预测收入、预测成本抵减得到预测利润。所以，直接预测法下的利润预测是在各项收入预测和各项成本预测基础上进行的，即本章前两节的销售预测和成本预测是直接预测法的重要指引。

直接预测法下企业很难对利润的所有构成项目精确预测，更多的是基于企业历史的业绩和未来一定期间的经营计划开展的利润总额初步运算，这一方法可以通过预算编制方法得到企业未来一年的利润预测金额，也称为预计利润表及预算利润。

2. 因素分析法

因素分析法的基本原理与本—量—利分析中的敏感性分析是一致的，是在本期已实现的利润水平基础上，充分估计预测期影响产品销售利润的各因素增减变动的可能，来预测企业下期产品销售利润的数额。影响产品销售利润的主要因素有产品销售数量、产品品种结构、产品销售成本、产品销售价格及产品销售税金等。

（1）预测产品销售量变动对利润的影响。在其他因素不变的情况下，预测期产品销售数量增加，利润额也会随之增加；反之，预测期产品销售数量减少，利润额也会随之下降。因为在对下期的产品销售成本进行测算时，已将销售量变动而使生产量变动的因素考虑在内了，由产品销售数量变动而使利润增加或减少的数额，可用本期的销售成本与下期预测销售成本相比较，再根据本期的成本利润率求得。

（2）预测产品价格变动对利润的影响。在其他因素不变的情况下，如果在预测期产品销售价格比上期提高，则销售收入也会增多，从而使利润额增加；反之亦然。另外，销售价格增加或减少同样会使销售税金相应地随之增减，这一因素同样要予以考虑。

（3）预测产品成本降低对利润的影响。在产品价格不变的情况下，降低产品成本会使利润相应增加。由于成本降低而增加的利润，可根据经预测确定的产品成本降低率求得。

（4）预测产品销售税率变动对利润的影响。产品销售税率变动直接影响利润额的增减。如果税率提高，利润额减少；反之亦然。

（5）预测产品品种结构变动对利润的影响。产品品种结构变动对利润的影响是由于各个不同品种的产品利润率不同，而预测下期利润时是以本期各种产品的平均利润率为依据的。如果预测期不同利润率产品在全部产品中所占的销售比重发生变化，就会引起全部产品平均利润率发生变动，从而影响利润额的增加或减少。所以，应根据预测的下期产品品种结构变动情况确定下期平均利润率，然后通过比较本期和下期利润率的差异，计算预测期由于品种结构变动而增加或减少的利润数额。

二、经营决策

（一）产品种类决策

品种决策旨在解决生产什么产品的问题，在品种决策中，经常以成本作为判断方案优劣的标准，有时也以贡献毛益额作为判断标准。

1. 新产品的筛选生产

当企业有剩余的生产能力可供使用，或者可以利用过时老产品腾出来的生产能力，在有多种新产品可供选择时，一般采用贡献毛益分析法进行决策。

贡献毛益分析法是在成本性态分类的基础上，通过比较各备选方案贡献毛益的大小来确定最优方案的分析方法。传统会计认为，只有当收入大于完全成本时才形成贡献；而管理会计则认为，只要收入大于变动成本就会形成贡献。因为固定成本总额在相关范围内并不随业务量（产销量）的增减变动而变动，因此，收入减去变动成本后的差额（即贡献毛益）越大，则减去不变的固定成本后的余额（即利润）也就越大。也就是说，贡献毛益的大小反映了备选方案对企业利润目标所做贡献的大小。

在运用贡献毛益分析法进行备选方案的择优决策时，应注意如下：

（1）在不存在专属成本的情况下，通过比较不同备选方案的贡献毛益总额，能够正确地进行择优决策。

（2）在存在专属成本的情况下，首先应计算备选方案的剩余贡献毛益（贡献毛益总额减专属成本后的余额），然后通过比较不同备选方案的剩余贡献毛益（或贡献毛益）总额，能够正确地进行择优决策。

（3）在企业的某项资源（如原材料、人工工时、机器工时等）受限制的情况下，可以通过计算、比较各备选方案的单位资源贡献毛益额，来正确进行择优决策。当然，根据贡献毛益总额同样也能做出正确的选择。

（4）由于贡献毛益总额的大小既取决于单位产品贡献毛益额的大小，也取决于该产品的产销量，所以应该选择贡献毛益总额最大的。这是因为单位贡献毛益额大的产品未必提供的贡献毛益总额也大，也就是说，在决策中不能只根据单位贡献毛益额的大小来进行择优决策。

2. 半成品（或联产品）加工选择

当半成品可以对外销售时，存在一个将产品加工到什么程度（卖半成品还是产成品）的问题。对这类问题，决策时只需考虑进一步加工后增加的收入是否超过增加的成本，如果前者大于后者，则应进一步加工为产成品出售；反之，则应作为半成品销售。在此，进一步加工前的收入和成本都与决策无关，不必予以考虑。

（1）半成品是否进一步加工。产品作为半成品出售，其售价和成本都低于进一步加工后作为产成品出售的售价和成本。是否进一步加工，可按下列公式计算、确定。

（2）联产品是否进一步加工。在同一生产过程中生产出来的若干种经济价值较大的产品，称为联产品。有些联产品可在分离后就出售，有的则可以在分离后继续加工出售。分离前的成本属于联合成本，要按售价等标准分配给各种联产品。联产品在分离后继续加工的追加变动成本和专属固定成本，称为可分成本。联合成本是沉没成本，决策时不予考虑；可分成本是与决策相关的成本，决策时应予以考虑。

3. 自制还是外购的决策

对具有机械加工能力的企业而言，常常面临所需零配件是自制还是外购的决策问题。由于所需零配件的数量对自制方案或外购方案都是一样的，因而这类决策通常只需要考虑自制方案和外购方案的成本高低，在相同质量并保证及时供货的情况下，就低不就高。

（1）外购不减少固定成本的决策。如果企业可以从市场上买到现在由企业自己生产的某种零配件，而且质量相当、供货及时、价格低廉，这时一般都会考虑是否停产外购。在由自制转为外购，而且其剩余生产能力不能利用（固定成本并不因停产外购而减少）的情况下，正确的分析方法是：将外购的单位增量成本，即购买零配件的价格，与自制时的单位增量成本相对比，单位增量成本低的即为最优方案。由于固定成本不因停产外购而减少，这样，自制时的单位变动成本就是自制方案的单位增量成本。所以，自制单位变动成本高于购买价格时，应该外购；自制单位变动成本低于购买价格时，应该自制。

（2）自制增加固定成本的决策。在企业所需零配件由外购转为自制时需要增加一定的专属固定成本（如购置专用设备而增加的固定成本），或由自制转为外购时可以减少一定的专属固定成本的情况下，自制方案的单位增量成本不仅包括单位变动成本，而且应包括单位专属固定成本。

由于单位专属固定成本随产量的增加而减少，因此自制方案单位增量成本与外购方案单位增量成本的对比将在某个产量点产生优劣互换的现象，即产量超过某一限度时自制有利，产量低于该限度时外购有利。这时，就必须确定该产量限度点（利用成本分界点的分析方法），并将产量划分为不同的区域，确定在何种区域内哪个方案最优。

在成本按性态分类基础上，任何方案的总成本都可以用相同的表述。而成本无差别点是指在该业务量水平上，两个不同方案的总成本相等，但当高于或低于该业务量水平时，不同方案则具有不同的业务量优势区域。利用不同方案的不同业务量优势区域进行最优化方案选择的方法，称为成本无差别点分析法。

（3）外购时有租金收入的决策。在零配件外购并且腾出的剩余生产能力可以转移的情况下（如出租、转产其他产品），由于出租剩余生产能力能获得租金收入，转产其他产品能提供贡献毛益额，因此将自制方案与外购方案对比时，必须把租金收入或转产产品的贡献毛益额作为自制方案的一项机会成本，并构成自制方案增量成本的一部分。这时，应将自制方案的变动成本与租金收入（或转产产品的贡献毛益额）之和与外购成本相比，择其低者。

4. 亏损产品的决策

企业进行不同方案的比较、选择的过程，实质是选择最大收益方案的过程，最大收益方案是在各个备选方案收入、成本的比较中产生的。当两个备选方案具有不同的预期收入和预期成本时，根据这两个备选方案间的差量收入、差量成本计算的差量损益进行最优方案选择的方法，就叫差量分析法。

因此，对于亏损产品必须综合考虑企业各种产品的经营状况、生产能力的利用及有关因素的影响，在变动成本法的基础上采用差量分析法进行计算后，做出停产、继续生产、转产或出租等最优选择。

在运用差量分析法时，明确的概念包括：

（1）差量。差量是指两个备选方案同类指标之间的数量差异。

（2）差量收入。差量收入是指两个备选方案预期收入之间的数量差异。

（3）差量成本。差量成本是指两个备选方案预期成本之间的数量差异。

（4）差量损益。差量损益是指差量收入与差量成本之间的数量差异。

当差量收入大于差量成本时，其数量差异为差量收益；当差量收入小于差量成本时，其数量差异为差量损失。差量损益实际是两个备选方案预期收益之间的数量差异。

当差量损益确定后，就可以进行方案的选择：如果差量损益为正（即为差量收益），说明比较方案可取；如果差量损益为负（即为差量损失），说明被比较方案可取。

亏损产品的决策是一个复杂的多因素综合考虑的过程，需要注意内容如下：

（1）若亏损产品能够提供贡献毛益额，弥补一部分固定成本，除特殊情况（如存在更加有利可图的机会），一般不应停产。但如果亏损产品不能提供贡献毛益额，通常应考虑停产。

（2）亏损产品能够提供贡献毛益额，并不意味着该亏损产品一定要继续生产。如果存在更加有利可图的机会（如转产其他产品或将停止亏损产品生产而腾出的固定资产出租），能够使企业获得更多的贡献毛益额，那么该亏损产品应停产。

（3）在生产、销售条件允许的情况下，大力发展能够提供贡献毛益额的亏损产品，也会扭亏为盈，并使企业的利润增加。

（4）对不提供贡献毛益额的亏损产品，不能不加区别地予以停产。在努力降低成本，以期转亏为盈；应在市场允许的范围内通过适当提高售价来扭亏为盈；应考虑企业的产品结构和社会效益的需要。

总之，亏损产品的决策涉及的因素很多，需要从不同角度设计方案并采用恰当的方法优选方案。

（二）生产组织决策

1. 最优生产批量决策

以产品生产而言，在全年产量已定的情况下，生产批量与生产批次成反比，生产批量越大，生产批次越少；生产批量越小，生产批次越多。生产批量和生产批次与生产准备成本、储存成本相关，最优的生产批量应该是生产准备成本与储存成本总和最低时的生产批量。

生产准备成本是指每批产品生产开始前因进行准备工作而发生的成本，如调整机器、准备工卡模具、布置生产线、清理现场、领取原材料等发生的工资费用、材料费用等。在正常情况下，每次变更产品生产所发生的生产准备成本基本上是相等的，因此，年准备成本总额与生产批次成正比，与生产批量成反比。生产批次越多，年准备成本就越高；反之，就越低。

储存成本是指为储存零部件及产品而发生的仓库及其设备的折旧费、保险费、保管人员工资、维修费、损失等费用的总和。储存成本与生产批量成正比，与生产批次成反比。

若要降低年准备成本，就应减少生产批次，但减少批次必然要增加批量，从而提高了与批量成正比的年储存成本；若要降低年储存成本，就应减少生产批量，但减少生产批量必然要增加批次，从而提高了与批次成正比的年准备成本。因此，如何确定生产批量和生产批次，才能使年准备成本与年储存成本之和最低，就成为最优生产批量决策需要解决的问题。

2. 生产工艺决策

生产工艺是指加工制造产品或零件所使用的机器、设备及加工方法的总称。同一种产品或零件往往可以按不同的生产工艺进行加工。当采用某一生产工艺时，可能固定成本较高，但单位变动成本较低；而采用另一生产工艺时，则可能固定成本较低，但单位变动成本较高。于是，采用何种工艺能使该产品或零件的总成本最低，就成为实际工作中必须解决的问题。

生产工艺越先进，其固定成本越高，单位变动成本越低；在固定成本和单位变动成本的消长变动组合中（体现为单位成本），产量成为最佳的判断标准。这时，只要确定不同生产工艺的成本分界点（不同生产工艺总成本相等时的产量点），就可以根据产量确定选择何种生产工艺最为有利。

3. 赶工决策

（1）成本计划评审法原理。对于某些一次性的工程或生产（如新产品研制、设备维修、小批单件订货）而言，缩短工作时间、提前完成任务，不仅能够降低固定成本（如制造费用）和变动成本（如直接人工），而且可以获得额外收益（如提前完工的奖励）。因此，如何在增加收益和增加成本之间寻找能给企业带来最大利益的结合点，就成为一个必须解决的问题。

成本计划评审法是将一项工程或生产项目分解为前后连接的若干工作（或作业），并预计它们所需的正常时间、赶工时间、正常成本和赶工成本，以求在赶工安排中提高经济效益。

赶工时间是指尽可能提前完成任务所需的全部时间；赶工成本是指尽可能提前完成任务所需的全部成本。

成本计划评审法要求运用一些符号画出工程或项目的网络图，以便在安排赶工过程中不断完善网络图。绘制网络图时应注意内容包括：①应根据工程或项目的内在工艺联系，合理安排先后顺序，如哪些工作应先做，哪些工作应后做，哪些工作可以同时进行，务必使网络图真实反映整个工艺流程；②网络图不能出现闭环路线，即箭线不能从某一点出发，又回到该点。

（2）成本计划评审法的工作原则。成本计划评审法是以提前完工的时间与因赶工而增加的成本之间存在线性关系为前提的。所以，在运用成本计划评审法进行赶工安排时，需要就每一项可以赶工的工作，计算其成本斜率，即提前一个单位时间（小时、天、周、月等）完成工作所需要增加的成本。

为了使赶工能够获得经济效益，安排赶工时应遵循以下原则：

1）应在关键路线上寻找需要赶工的工作，因为只有在关键路线上提前完工才能使整个项目提前完工。

2）如果同时存在几条关键路线，应在这几条关键路线上同时安排赶工，并且提前同样长时间。这是因为如果不同时在几条关键路线上赶工且时间不同，则整个项目就不能提前完工，或提前的时间将由最短的赶工时间决定。

3）安排赶工时，应先安排成本斜率低的工作，后安排成本斜率较高的工作。

4）安排赶工的工作的成本斜率原则上应低于提前完成整个项目一天的得益额。在特殊情况下（如赶工可以将人力、物力、财力转向其他更有利的工作），成本斜率可以等于提前完成整个项目一天的得益额。

（三）产品定价决策

1. 影响价格的因素

一种产品价格制定的适当与否，往往决定了该产品能否被市场接受，并直接影响该产品的市场竞争地位和市场占有率。影响价格制定的基本因素包括如下方面：

（1）成本因素。成本是影响定价的最基本因素。从长期而言，产品价格应等于成本加上合理的利润，否则企业无利可图，将会停止生产；从短期而言，企业应根据成本结构确定产品价格，即产品价格必须高于平均变动成本，以便掌握盈亏情况，减少经营风险。

（2）需求因素。市场需求与价格的关系可以简单地用市场需求潜力与需求价格弹性来反映。市场需求潜力是指在一定的价格水平下，市场需求可能达到的最高水平。需求价格弹性是指在其他条件不变的情况下，某种商品的需求量随其价格的升降而变动的程度。需求价格弹性大的商品，其价格的制定和调整对市场需求影响大；需求价格弹性小的商品，其价格的制定和调整对市场需求的影响小。

（3）商品的市场生命周期因素。商品的市场生命周期包括四个阶段，即投入期、成长期、成熟期、衰退期。在不同的阶段，定价策略应有所不同。投入期的价格，既要补偿高成本，又要为市场所接受；成长期和成熟期正是产品大量销售、扩大市场占有率的时机，要求稳定价格以利开拓市场；进入衰退期后，一般应采取降价措施，以充分发掘老产品的经济效益。

（4）竞争因素。产品竞争的激烈程度不同，对定价的影响也不同。竞争越激烈，对价格的影响也越大。完全竞争的市场，企业几乎没有定价的主动权；在不完全竞争的市场中，竞争的强度主要取决于产品制造的难易程度和供求形势。由于竞争影响定价，企业要做好定价工作，必须充分了解竞争者的情况：主要竞争对手来自何方，主要竞争对手的实力如何，以及主要竞争者的定价策略如何。

（5）科学技术因素。科学发展和技术进步在生产中的推广和应用必将导致新产品、新工艺、新材料代替老产品、老工艺、旧材料，从而形成新的产业结构、消费结构和竞争结构。

（6）相关工业产品的销售量。某些产品的销售量往往取决于相关工业产品的销售，如纺织业与服装业、轮胎业与汽车业、玻璃业与建筑业等，基本上是后者的销售决定前者的销售。因此，前者的销售价格的制定可以根据后者的预测资料进行。

2. 基于成本的定价决策

成本是企业生产和销售产品所发生的各项费用的总和，是构成产品价格的基本因素，也是价格的最低经济界限。以成本为基础制定产品价格，不仅能保证生产中的耗费得到补偿，而且能保证企业必要的利润。

（1）成本加成定价法。成本加成定价法是指以单位预测完全成本（或目标完全成本）为基础，加上一定数额的利润来确定产品的价格。

（2）损益平衡法。损益平衡法是指运用损益平衡原理进行产品价格的制定。保本价格确定后，企业可以以此为基础，适当调整价格水平，确定企业有盈利的合理价格。

损益平衡法简便易行，能向企业提供可获必要利润的最低价格。但由于销售量往往受价格影响，因而计算结果的准确性也受到一定的影响。

（3）边际成本定价法。边际成本是指每增加一个单位产品销售所增加的总成本；边际收入则指每增加一个单位产品销售所增加的总收入。边际收入与边际成本的差额称为边际利润，表示每增加一个单位产品销售所增加的利润。

当边际收入等于边际成本时的利润总额最大，这时的价格和销售量就是最优价格和最优销售量。利用边际成本等于边际收入时利润最大的原理制定产品价格的方法，称为边际成本定价法。

（4）非标准产品的定价。企业有时要按客户的需要生产一些非标准产品。双方签订合同时，非标准产品无市价可供参考，因而只能以成本为基础协商定价，并签订合同。按合同类型不同，非标准产品定价方法包括：固定价格合同、成本加成合同、成本加固定费用合同、奖励合同。

（5）特别订货定价。有时企业在满足正常渠道的销售需要后，生产能力尚有富余，此时遇到一些出价比较低的订货，要考虑能否接受。关于这一问题，需要进行具体分析。在特定条件下，利用企业暂时闲置的生产能力而接受的临时订货，称为特别订货。为特别订货具体定价的方法，可因情况的不同而有所区别。具体方法主要内容包括：①只利用暂时闲置的生产能力而不减少正常销售。这种情况按以下要求定价，即可增加利润；②利用闲置的生产能力，并暂时减少部分正常销售以接受特别订货。这种情况按以下要求定价，才能使企业增加利润；③利用暂时闲置生产能力转产其他产品，须增加专属固定成本。这种情况按以下要求定价，即可增加企业利润。

3. 产品寿命周期与价格策略

（1）产品寿命周期及其测定方法。产品寿命周期是指某种产品从投入市场开始直到退出市场为止的整个过程。产品寿命周期一般可以分为四个阶段：①投入期。销售量增长缓慢，销售增长率较小；②成长期。销售量急剧上升，销售增长率较大；③成熟期。销售量增长趋缓，销售增长率较小；④衰退期。销售量开始减少，销售增长率出现负数。

在不同寿命阶段，产品的质量、成本、产销量、竞争情况及需求者的评价等都存在差异，对价格的确定会产生不同的影响，因而应该采用不同的价格策略，使价格能够准确反映价值和供求关系，从而增强产品的竞争力，使企业获得最佳经济效益。产品寿命周期的确定可以采用销售增长率测定法进行预测。销售增长率测定法是利用销售增长率判断产品在寿命周期中所处阶段的一种方法。

（2）产品寿命周期的阶段价格策略。作为刚刚投入市场的新产品，虽然具有一定的技术、经济优势，甚至独家生产经营，但由于结构和工艺尚未定型，质量不太稳定，消费者（或用户）对新产品缺乏了解和信任，因而销路有待打开。产品寿命周期的阶段价格策略包括：投入期的价格策略、成长期的价格策略、成熟期的价格策略、衰退期的价格策略。

（四）产品功能成本决策

在保证产品质量的前提下，改进产品设计结构可以降低产品成本。推广功能成本决策，不仅可以保证产品必要的功能及质量，而且可以确定努力实现的目标成本，从而降低产品成本。

产品功能成本决策是将产品的功能（产品所担负的职能或所起的作用）与成本（为获得产品一定的功能必须支出的费用）对比，寻找降低产品成本途径的管理活动。其目的在于以最低的成本实现产品适当的、必要的功能，提高企业的经济效益。企业可以根据实际情况，从上述途径着手，运用功能成本决策方法确定目标成本。功能成本决策大致分以下步骤：

1. 对象选择分析

由于企业的产品（或零部件）很多，实际工作中不可能都进行功能成本分析，而应有所选择。选择的一般原则包括：

（1）从产量大的产品中选，可以有效地积累每一产品的成本降低额。

（2）从结构复杂、零部件多的产品中选，可以简化结构、减少零部件的种类或数量。

（3）从体积大或重量大的产品中选，可以缩小体积、减轻重量。

（4）从投产期长的老产品中选，可以改进产品设计，尽量采用新技术、新工艺、新方法加工。

（5）从畅销产品中选，不仅可以降低成本，而且能使该产品处于更有利的竞争地位。

（6）从原设计问题比较多的产品中选，可以充分挖掘改进设计的潜力。

（7）从工艺复杂、工序繁多的产品中选，可以简化工艺、减少工序。

（8）从成本高的产品中选，可以较大幅度地降低成本。

（9）从零部件消耗量大的产品中选，可以大幅降低成本、优化结构。

（10）从废品率高、退货多、用户意见大的产品中选，可以提高功能成本分析的效率。

2. 基于分析对象进行收集资料

分析对象确定后，应深入进行市场调查，收集各种资料作为分析研究的依据。所需资料大致包括以下方面：

（1）产品的需求状况。例如，用户对产品性能及成本的要求、销售结构及数量的预期值、价格水平等。

（2）产品的竞争状况。例如，竞争对手的数量、分布、能力，以及竞争对手在产品设计上的特点及推销渠道等。

（3）产品设计、工艺加工状况。结合市场需求及竞争对手的优势，在产品设计、工艺加工技术方面本企业存在的不足等。

（4）经济分析资料。例如产品成本构成、成本水平、消耗定额、生产指标等。

（5）国内外同类型产品的其他有关资料。

对于收集的各种资料应进行详细分析，去粗取精，去伪存真，增加分析资料的可靠性。

3. 功能评价步骤与试验

（1）功能评价步骤。功能评价步骤包括：①以功能评价系数为基准，将功能评价系数与按目前成本计算的成本系数相比，确定价值系数；②将目标成本按价值系数进行分配，并确定目标成本分配额与目前成本的差异值；③选择价值系数低、降低成本潜力大的作为重点分析对象。

（2）试验。基于功能评价，可以对过剩功能和不必要成本进行调整，从而提出新的可供试验的方案。然后按新方案进行试验生产，在征求各方面意见的同时，对新方案的不足加以改进。新方案经进一步调整即可作为正式方案提交有关部门审批，批准后可组织实施。

（五）产品组合优化决策

产品组合优化决策适用于多品种产品生产的企业。在多品种产品的生产过程中，各种产品的生产都离不开必要的条件或因素，如机器设备、人工、原材料等，而其中有些因素可以用于不同产品的生产，如果各种产品共用一种或多种因素，而这些因素又是有限的，就应使各种产品的生产组合达到最优化的结构，以便有效、合理地使用这些限制因素。产品组合优化决策就是通过计算、分析进而做出各种产品应生产多少，才能使各个生产因素得到合理、充分的利用，并能获得最大利润的决策。

进行产品组合优化决策一般采用逐次测算法。逐次测算法是根据企业有限的各项生产条件和各种产品的情况及各项限制因素等数据资料，分别计算单位限制因素所提供的贡献毛益并加以比较，在此基础上经过逐步测试，使各种产品达到最优组合。

第四节　存货决策与投资决策

一、存货决策

（一）企业存货的成本

存货是企业为销售或耗用而储存的各种资产。在制造企业中，存货通常包括原材料、委托加工材料、包装物、低值易耗品、在产品、产成品等。

存货对制造企业等绝大部分企业来说是必需的：①为了保证企业不间断生产对原材料等的需要；②为满足产品销售批量化、经常化的需要；③为了保证企业均衡生产并降低生产成本；④为避免或减少经营中可能出现的失误和意外事故对企业造成的损失。

存货管理的任务在于如何恰当地控制存货水平，在保证销售和耗用正常进行的情况下，尽可能节约资金、降低存货成本。因此，在存货决策中通常需要考虑以下成本：

（1）采购成本。采购成本是指由购买存货而发生的买价（购买价格或发票价格）和运杂费（运输费用和装卸费用）构成的成本，其总额取决于采购数量和单位采购成本。

（2）订货成本。订货成本是指为订购货物而发生的各种成本，包括采购人员的工资、采购部门的一般性费用（如水电费、折旧费、取暖费等）和采购业务费（如差旅费、邮电费、检验费等）。

（3）储存成本。储存成本是指为储存存货而发生的各种费用，通常包括两大类：①付现成本，包括支付给储运公司的仓储费、按存货价值计算的保险费、陈旧报废损失、年度检查费用以及企业自设仓库发生的所有费用；②资本成本，既包括由于投资于存货而不投资于其他可盈利对象所形成的机会成本，又包括用于购置存货的银行借款利息。

（4）缺货成本。缺货成本是指由于存货数量不能及时满足生产和销售的需要而给企业带来的损失。缺货成本大多属于机会成本，由于单位缺货成本往往大于单位储存成本，因此，尽管其计算比较困难，也应采用一定的方法估算单位缺货成本，以供决策之用。

（二）企业经济订购批量

订购批量是指每次订购货物（材料、商品等）的数量。在某种存货全年需求量已定的情况下，降低订购批量，必然增加订货批次。一方面，使存货的储存成本随平均储存量的下降而下降；另一方面，使订货成本随订购批次的增加而增加。反之，减少订购批次必然要增加订购批量，在减少订货成本的同时，储存成本将会增加。可见，存货决策的目的就是确定使这两种成本合计数最低时的订购批量，即经济订购批量。

（三）企业零存货管理

1. 适时制生产与零存货管理

企业的存货管理是满足生产经营所必需的，适时制要求零存货管理，要求企业按需要引入存货，并通过不懈努力减少存货，降低存货成本。零存货管理的最终目的是消除存货，以达到总成本最低。在适时制下，存货被认为对企业的经营存在负面影响。

（1）企业持有存货，占压流动资金。当企业持有大量存货时，相应数额的资金就会暂时沉淀下来，直到产成品销售出去才能重新参加周转。企业持有存货是存在机会成本的。

（2）企业持有存货，会发生仓储成本。大量存货必然要占用仓储空间，要耗费企业人工进行管理，存货本身在仓储过程中也可能发生损耗。这种仓储成本和管理成本都将提高企业的成本水平。

（3）企业持有存货，可能掩盖生产质量问题，掩盖生产的低效率，增加企业信息系统的复杂性。

2. 零存货管理实施

（1）根据市场供求状况，采用拉动式生产系统或推动式生产系统。对于加工装配式生产，产品由许多零件构成，每个零件要经过多道工序加工。组织这类生产，可以采用推动式系统或拉动式系统。

1）推动式生产系统。即以生产为中心安排原材料的采购、投入及产品的生产和产出，一般适用于供应小于需求的卖方市场状况。由于结构性问题在于生产不出来而不是卖不出去，因此，重视生产、刺激效率提升就成为提高经济效益的唯一重心。

在组织生产过程中，计划部门按产能（或某类资源）确定生产量和各个生产阶段的生产提前期，确定每种产品的投入产出计划，按计划发出生产和订货的指令。每一生产车间和每一生产工序都按计划制造产品或零件，并将加工完的零件送到后续生产车间和后一道工序。

对于推动式系统，进行生产控制就是要保证按生产作业计划的要求按时完成任务。

2）拉动式生产系统。即以销售为中心安排原材料的采购、投入及产品的生产和产出，一般适用于供应大于需求的买方市场状况，由于结构性问题在于卖不出去而不是生产不出来，因此，重视销售、以销定产就成为提升经济效益的唯一和重心。

在组织生产过程中，以销售订单为基础，从交货到总装，从生产到采购，以顺序展开。每道工序和每个车间按照需要向前一道工序和车间提出要求，发出工作指令，前面的工序和车间完全按这些指令进行生产。

为使拉动式系统运作起来，管理者必须接受这样一个观念，即宁可让员工闲着，也不要让他们生产出超出限额的存货。

（2）改变材料采购策略。适时制要求企业持有尽可能低水平的存货，只在需要的时间购进需要的材料，不允许企业因原材料供应中断影响到生产正常进行。这就给企业的采购部门提出了很高的要求：①材料供应的及时性，即必须能够在生产部门有原材料需求时，迅速、准时地采购原材料并运至企业，否则就会引起停工待料现象的发生；②采购的原材料在质量上必须有保证。为解决这一问题，适时制要求企业和供货商之间建立一种全新的利益伙伴关系。

（3）建立无库存的生产制造单元。为了减少库存，提高工作效率，需要对车间进行重新布置与整理。对车间进行重新布置的一个重要内容是建立制造单元，制造单元是按产品对象布置的。一个制造单位配备有各种不同的机床，可以完成一组相似零件的加工。

制造单元有两个明显的特征：①在该制造单元内，工人随着零件走，从零件进入单元到加工完毕离开单元，是一个工人操作。工人不是固定在一台机器上，而是逐次操作多台不同的机器。这与一般的多机床操作不同，一般的多机床操作是由一个工人操作多台相同的机器；②无库存生产的制造单元具有很大的柔性，它可以通过制造单元内的工人数量使单元的生产率与整个系统保持一致。

无库存制造单元在一定程度上起到了仓库的作用。出口存放处放置本单元已加工完毕的在产品，入口存放处放置待加工的原材料或在产品。工人看到他们加工的零件还没有为下道工序所用时，就不会盲目地生产。下一步是不断减少工序间的在产品库存，使仓库逐步消失，以实现无库存生产。

（4）减少不增加价值成本，缩短生产周期。企业的经营活动从总体上可分为两种：①在生产过程中使物料实体发生改变，增加了产品价值，如制造加工和包装，这种经营活动称为价值增值活动；②不改变物料的实体，只是使物料的地理位置等发生改变，不增加产品的价值，如检验和仓储，这种经营活动称为非价值增值活动。适时制定价值增值活动，致力于不断减少和消除非价值增值活动。

生产周期由生产准备时间、加工时间、搬运时间、等候时间和检验时间构成。生产准备时间是为生产特定产品准备机器设备所需的时间；加工时间是生产产品所耗费的时间；搬运时间是在生产场所之间或检验场所之间搬运产品所耗费的时间；等候时间是产品在等待加工、搬运或检验、暂时存储时所耗费的时间；检验时间是产品接受检验耗费的时间。在生产周期的五个构成要素中，只有在加工时间内产品增值，在其他时间内的经营活动都不增加产品价值，应予以压缩。

其中，缩减生产准备时间最为关键，因为它能够直接缩减生产周期。减少生产准备时间的关键在于提高生产系统的柔性，而提高生产系统的柔性有两个途径：①改变劳动工具，购置本身具有柔性的加工设备，如数控机床、柔性制造单元等；让改变劳动对象，运用成组技术，组成相似零件族进行成组加工。将这两个途径结合起来，就可以提高生产系统的柔性，使加工中的转换时间减少，也就减少了生产准备时间。

（5）快速满足客户需求。在适时制下，客户订单是整个企业开始生产的最原始动力和指令。收到了客户订单，按照拉动式生产方式，从生产的最后一道工序开始生产，通过看板制使生产按工序依次向前一道工序展开，直至原材料和零部件的采购环节。

当企业在材料采购、生产上采用一系列措施，有效地缩短了订购原材料时间、等候时间、检验时间、搬运时间等，进而有效地缩短了周期（即从接到订货到交货的时间）时，企业就可以保证接到订单之后在很短的时间内生产出客户所需要的产成品。

（6）保证生产顺利进行，实施全面质量管理。质量是实行适时制的基本保证。当企业库存很低甚至是零存货时，如果某道工序出现了大量废品，存货不够补充，则后续工序将立即停工，等候前一道工序补充生产，这样就完全打乱了生产节奏。所以，要保证生产顺利进行，就必须保证加工质量，消灭废品。

全面质量管理强调预防不合格品的产生，从操作者、机器、工具、材料和工艺过程等方面保证不出现不合格品。其原则是：开始就把必要的工作做正确，强调从根源上保证质量。

二、投资决策

投资决策主要是指长期投资决策，但其决策原理适用于所有的投资决策。投资决策面对的是长期资产的取得问题，涉及的资金支出数额通常较大甚至巨大，一般还具有风险大、周期长、不可逆转等特征，因而长期投资决策分析也就势必成为管理会计的重要研究内容之一。

（一）企业投资决策的因素

投资决策一般需要在若干备选方案中进行分析、评价和选择，最终确定最优方案。在具体选择过程中，首先需要对项目各个时点的现金流量做出预测，选择恰当的资本成本，然后依据投资决策指标来对投资方案做出评判。诸如现金流量的预测、资本成本的判断和决策指标的采用等方面的差异，会使决策者做出不同的选择。

1. 货币时间价值

货币时间价值是指货币经过一定时间的投资与再投资后所增加的价值。在商品经济中，投资离不开资金（货币），但投资者自己所拥有的货币往往不足以投资其所选定的项目，因此只有去借钱，可是货币的拥有者不会白白地把钱提供给别人使用，投资者在使用别人货币的同时必须向货币的拥有者支付一定的报酬。

货币的时间价值从量的规定性而言，就是在没有通货膨胀和风险的条件下的社会平均资本利润率。在日常生活中，由于政府债券的风险很小，因此，当通货膨胀率很低时，人们为方便起见，也常常习惯于将政府债券利率视同为货币的时间价值。

由于市场竞争的结果，市场经济中各部门的投资利润率趋于一致。每个投资者的投资目的都是使自己的投资尽快增值，这必然要求投资报酬率高于社会平均利润率，否则不如把钱存入银行或购买国债，以取得社会平均利润率。因此货币的时间价值就成为投资决策中评价投资方案的基本标准，只有当投资报酬率高于货币的时间价值时，该项目才可能被接受，否则就必须放弃此项目。

由于货币时间价值随着时间的推移呈几何级数方式增长，与银行复利的增长方式相同，因此，通常采用银行复利的计算方法来计算货币的时间价值。按照这种方法，每经过一段固定的时间，就要将所产生的利息加入本金中，再计算下一段时间的利息，如此循环下去。货币时间价值的计量形式主要包括：

（1）复利终值。复利终值是指某特定资金经过一段时间后，按复利计算的最终价值。

（2）复利现值。复利现值是指为取得将来某一时点上的本利和，现在所需要的本金，即未来一定时间的特定资金按复利计算的现在价值。

（3）名义利率与实际利率。在 1 年内可以复利若干次，此时给出的年利率被称为名义利率。实际利率则是指复利期为 1 年时的复利率。

（4）普通年金。年金是指等额、定期的系列收入或支出。普通年金是在每期期末收入或支出的年金，所以又叫后付年金。

（5）预付年金。预付年金是指每期期初支付的年金，它与普通年金的区别在于其支付期比普通年金提前了一期。

（6）递延年金。递延年金是指首期支付发生在第 2 期或以后某期的年金。

2. 现金流量

现金流量是指与长期投资决策有关的现金流入和流出的数量。它是评价投资方案是否可行时的基础数据，绝大部分投资决策指标的计算都以投资项目的现金流量为基础。之所以在投资决策中使用现金流量而非利润，原因在于现金流量是项目价值的最终衡量指标，而反映企业经营成果的利润指标是权责发生制的产物。账面利润未必能够全部变成现金，即便能够变现，大多数情况下也是在不同的时间变现。

根据现金流动的方向，投资决策中现金流量可以分为现金流入量、现金流出量和现金净流量。现金流入量是指投资决策引起的企业现金的增加量，现金流出量是指投资决策引起的企业现金的减少量，现金净流量就是现金流入量与现金流出量的差额。根据现金流量发生的时间，投资决策中现金流量可以分为初始现金流量、经营现金流量和终止现金流量。

在计算投资决策指标时，需要各个时间点（一般以年为时间点单位）的现金流量数据。由于一个项目从准备投资到项目结束，经历了项目准备及建设期、生产经营期及项目终止期三个阶段，所以采用初始现金流量、经营现金流量和终止现金流量的分类方法。

（1）相关现金流量。在进行资本投资决策时，准确估计现金流量的数额和时间分布，并据以评价项目的可行性，是决策的关键步骤。只有提高项目现金流量预测的准确度，才能够保证在此基础上的决策具有较高的可信度。

与投资方案相关的现金流量仅涉及因接受或拒绝该方案后，企业总现金流量所发生的变动，该变动通常定义为"增量现金流量"。在确定增量现金流量时，除了要考虑企业直接投入的现金和由此带来的直接收益，还要关注由于该方案的实施，对企业其他方面或部门所造成的有利或不利影响，以及企业为此投入的其他支出等。

企业投入的其他支出中有些并不导致项目增量现金流量的变化，如沉没成本等，这些成本与特定的投资决策无关，因此，在进行项目分析评价时不必考虑这些非相关成本。但是对于与特定的投资决策相关的成本项目，在分析评价方案时则必须加以考虑。相关成本通常包括差额成本、未来成本、重置成本和机会成本等。其中，机会成本是指因实施方案而失去的某种收益的可能，如将现有的一套设备投入项目使用，企业因此就丧失了将该套设备转让所可能获得的现金收益，可能获得的收益实际是该相关资产的可变现价值，不能把它与资产的账面成本画等号。

（2）现金流量的计算。从现金净流量的基本计算公式中可以看到，有关项目的现金净流量包括初始现金流量、经营现金流量和终止现金流量。

1）初始现金流量。初始现金流量包括投资在固定资产上的资金和投资在流动资产上的资金两部分。其中，投资在流动资产上的资金一般假设当项目结束时将全部收回，故也称为垫支的流动资金。

投资在固定资产上的资金有时是以企业原有的旧设备进行投资的，在计算初始现金流量时，一般以设备的变现价值作为其现金流出量（但是该设备的变现价值通常并不与其折余价值相等）。另外，还必须注意将这个投资项目作为一个独立的方案进行考虑，即假设企业将该设备出售可能得到的收入（设备的变现价值），以及企业由此而可能将支付或减免的所得税。

2）经营现金流量。经营现金流量一般以年为单位计算。经营现金流入量是指经营现金收入。经营现金流出量是指经营现金支出和缴纳的税金。经营现金净流量就是经营现金流入量与经营现金流出量的差额。

计算经营现金净流量的两种不同思路：①直接法，即用现金流入量减去现金流出量；②间接法，即把权责发生制下的净利润调节为经营现金净流量，具体是依据那些影响利润但不影响现金流量的非付现成本对净利润进行调整。两种方法计算的结果是一致的。

3）终止现金流量。终止现金流量包括固定资产的最终残值（或称为处理/回收成本）和收回垫支的流动资金两部分。

3. 资本成本

资本成本是指企业筹集和使用资金必须支付的各种费用。包括：①用资费用。用资费用是指企业在使用资金中支付的费用，如股利、利息等，其金额与使用资金的数额多少及时间长短成正比，它是资金成本的主要内容；②筹资费用。筹资费用是指企业在筹集资金中支付的费用，如借款手续费、证券发行费等，其金额与资金筹措方式有关而与使用资金的数额多少及时间长短无关。

由于存在筹资费用，企业计划筹资额与实际筹资额是不相等的，实际筹资额等于计划筹资额减筹资费用，因此企业使用资金的实际代价高于名义代价。

筹资方案的现金流入量是指实际筹集到的资金，等于企业计划筹资额减筹资费用，它发生在筹资时。筹资方案的现金流出量是指用资费用，它发生在筹资后不同的时间点。资本成本就是使得筹资方案现金流出量折现后等于筹资方案现金流入量的折现率。

企业将筹集的资金运用于投资项目，其必然要求所获得的回报能够弥补筹资成本，因此资本成本就成为筹集资金后投资于项目所要求的最低报酬率，即必要报酬率。

资本成本在企业筹资决策、投资决策中都具有重要的作用。其中在投资决策中：当采用净现值指标决策时，常以资本成本作为折现率，此时净现值为正则投资项目可行，否则不可行；当以内部收益率指标决策时，资本成本是决定项目取舍的一个重要标准。只有当项目的内部收益率高于资金成本时，项目才可能被接受，否则就必须放弃。

（1）个别资本成本。个别资本成本就是各种长期资本的使用成本。在数额上等于每种长期资金的年实际占用费与其筹资净额的比值。

1）长期借款的资本成本。与长期借款相关的成本包括借款利息和筹资费用两部分。

2）债券的资本成本。与债券发行相关的成本包括债券利息和筹资费用两部分。其中债券利息与长期借款利息相同，也计入税前成本费用，但是债券的筹资费用一般较高，在计算资本成本时不可忽略。

3）普通股与优先股的资本成本。与前面提到的借入资金不同，普通股与优先股属于权益资金，其资金用资费用是指向股东发放的股利，它是用税后净利支付的，因此在计算时不必考虑所得税的影响。

普通股资本成本还有其他的计算方法，其逻辑是投资者要求的回报就是筹资者的资本成本，而投资者要求的回报由两部分组成：①无风险报酬率；②承担风险后要求的风险报酬率。风险报酬率等于单位风险的要求回报乘以风险的大小。

4）留存收益的资本成本。留存收益属于股东权益的一部分，它虽然是企业内部的资金，但同样也有资本成本，这种资本成本体现为机会成本。在实践中一般认为留存收益的资本成本等于普通股的资本成本。

（2）综合资本成本。企业总的资本成本应是各类资本成本的综合——综合资本成本。综合资本成本是以各类资本在全部资本中所占的比重为权数，对各类资本成本进行加权平均后得到的。

（二）企业投资决策指标

投资决策中对投资项目进行评价时所用的指标通常分两类：

1. 静态投资指标

静态投资指标是指没有考虑时间价值因素的指标，又称为非贴现指标，主要包括投资回收期和投资报酬率等。

（1）投资回收期。投资回收期是指自投资方案实施至收回初始投入资本所需的时间，即能够使与此方案相关的累计现金流入量等于累计现金流出量的时间。

（2）投资报酬率。投资报酬率也叫投资利润率，它表示年平均利润占总投资的百分比。投资报酬率法与回收期法相比，虽然考虑了回收期后的收益，但它仍然忽略了货币的时间价值。这种方法的主要优点在于计算简便，并且使用的是普通会计学上的收益和成本的概念，容易接受和掌握。

2. 动态投资指标

动态投资指标是指考虑了时间价值因素的指标，故又称为贴现指标，主要包括：

（1）净现值。净现值（简称 NPV）是指在方案的整个实施运行过程中，所有现金净流入年份的现值之和与所有现金净流出年份的现值之和的差额。

用净现值指标评价方案时，首先要将各年的净现值流量按资本成本率折算成现值，然后再计算出它们的和。若净现值大于或等于零，表明该项目的报酬率大于或等于资本成本率，方案可取；反之，则方案不可取。

（2）获利指数。获利指数（简称 PI）也叫现值指数，是指在整个方案的实施运行过程中，所有现金净流入年份的现值之和与所有现金净流出年份的现值之和的比值。

（三）典型长期投资决策

1. 生产设备最优更新期决策

生产设备最优更新期的决策就是选择最佳的淘汰旧设备的时间，此时该设备的年平均成本最低。与生产设备相关的总成本在生产设备更新前共包括两大部分：①运行费用。运行费用又包括设备的能源消耗及其维护修理费用等，不仅运行费用的总数会随着使用年限的增加而增多，而且其每年发生的费用也将随着设备的不断老化而逐年上升；②消耗在使用年限内的设备本身的价值，它是以设备在更新时能够按其折余价值变现为前提的，即从数量关系上看，它是设备的购入价与更新时的变现价值之差。

在考虑货币的时间价值的基础上，生产设备的年平均成本就不再是总成本与年限的比值，而将其看作以现值总成本为现值、期数为 n 的年金。

设备最佳更新期决策也就是找出能够使上式的结果最小的年数，其方法通常是计算出若干个不同更新期的年平均成本进行比较，然后从中找出最小的年平均成本及其年限。

2. 固定资产修理与更新决策

固定资产修理和更新的决策是在假设维持现有生产能力水平不变的情况下，选择继续使用旧设备（包括对其进行大修理），还是将其淘汰，而重新选择性能更优异、运行费用更低的新设备的决策。由于假设新旧设备的生产能力相同，对企业而言，销售收入没有增加，即现金流入量未发生变化，但是生产成本发生了变化。另外，新旧设备的使用寿命往往不同，因此固定资产修理和更新决策实际上也是比较两个方案的年平均成本。

新旧设备的总成本都包括两个组成部分：设备的资本成本和运行成本。在计算新旧设备的年平均成本时，要特别注意运行成本、设备大修修理费和折旧费对所得税的影响。

3. 固定资产租赁或购买决策

在进行固定资产租赁或购买的决策时，由于所用设备相同，即设备的生产能力与产品的销售价格相同，同时设备的运行费用也相同，因此只需比较两种方案的成本差异及成本对企业所得税所产生的影响差异即可。

固定资产租赁是指固定资产的经营租赁，与购买设备相比，每年将多支付一定的租赁费用。另外，由于租赁费用是在成本中列支的，因此，企业还可以减少缴纳的所得税，即得到纳税利益；购买固定资产是一种投资行为，企业将支出一笔可观的设备款，但同时每年可计提折旧费进行补偿，折旧费作为一项成本，也能使企业得到纳税利益，并且企业在项目结束或设备使用寿命到期时，还能够得到设备的残值变现收入。

第五节　标准成本法

一、标准成本

标准成本法是指通过制定标准成本，将标准成本与实际成本进行比较获得成本差异，并对成本差异进行因素分析，据以加强成本控制的一种会计信息系统和成本控制系统。标准成本法最初只是用来进行成本控制，以后才逐步发展和完善，并与成本核算结合起来，成为一种成本计算与成本控制相结合的方法。

（一）标准成本类型

标准成本是在正常生产经营条件下应该实现的，作为控制成本开支、衡量工作效率、评价成本效益的依据和尺度的一种目标成本。在制定标准成本时，根据所要求达到的效率的不同，所采取的标准有理想标准成本、正常标准成本和现实标准成本。

1. 现实标准成本

现实标准成本是在现有的生产条件下应该达到的成本水平，是根据现在的价格水平、生产耗用量以及生产经营能力利用程度制定的标准成本。现实标准成本最接近实际成本，最切实可行，通常认为是员工经过努力可以达到的标准，并为管理层提供衡量的标准。与正常标准成本不同的是，它需要根据现实情况的变化不断进行修改，而正常标准成本则可以较长一段时间保持固定不变。

2. 正常标准成本

正常标准成本是在正常生产经营条件下应该达到的成本水平，是根据正常的耗用水平、正常的价格和正常的生产经营能力利用程度制定的标准成本。正常标准成本通常反映过去一段时期实际成本水平的平均值，反映该行业平均的生产能力和技术能力，在生产技术和经营管理条件变动不大的情况下，它是一种可以在较长时间采用的标准成本。

3. 理想标准成本

理想标准成本是在最佳工作状态下可以达到的成本水平，是排除了一切失误、浪费和资源闲置等因素，根据理论耗用量、价格以及满负荷生产能力制定的标准成本。理想标准成本是影响成本的所有因素都在最佳状态时的成本水平，而这种情况实际是不存在的，因而只是"理想成本"，它指出了企业努力的方向和目标。

（二）标准成本作用与制定

1. 标准成本作用

标准成本主要作用包括：

（1）便于企业编制预算和进行预算控制。标准成本本身就是单位成本预算。

（2）可以有效控制成本支出。在领料、用料、安排工时和人力时，均以标准成本作为事前和事中控制的依据。

（3）可以为企业的例外管理提供数据。标准成本与实际成本进行比较产生的差异，是企业进行例外管理的必要信息。

（4）可以帮助企业进行产品的价格预测和决策。

（5）可以简化存货的计价以及成本核算的账务处理工作。标准成本法下，原材料、在产品、产成品均以标准成本计价，所产生的差异均可由发生期负担，这样一来，在成本计算方面可以减少核算的工作量。

2. 标准成本制定

采用标准成本法的前提和关键是标准成本的制定。为了便于进行成本控制、成本核算和成本差异分析工作，标准成本可以按车间、分产品、成本项目分别反映。标准成本的成本项目与会计日常核算所使用的成本项目应当一致，直接材料可以按材料的不同种类或规格详细列出标准，直接人工可以按不同工种列出标准，制造费用应按固定性制造费用和变动性制造费用分项列出标准，将各个成本项目的标准成本加总，即构成产品标准成本。

二、成本差异

成本差异是指实际成本与标准成本之间的差额，也称标准差异。成本差异按成本的构成，分为直接材料成本差异、直接人工成本差异和制造费用差异。其中，制造费用差异按其形成的原因和分析方法的不同，又可分为变动制造费用差异和固定制造费用差异两部分。

直接材料成本差异、直接人工成本差异和变动制造费用差异都属于变动成本差异，决定变动成本数额的因素是价格和耗用数量。因此，直接材料成本差异、直接人工成本差异和变动制造费用差异按其形成原因，可分为价格差异和数量差异。

固定制造费用是固定成本，不随业务量的变动而变动，其差异不能简单地分为价格因素和耗用数量因素。固定制造费用差异分为支出差异、生产能力利用差异和效益差异。

（一）直接材料成本差异

直接材料成本差异是指实际产量下的直接材料实际成本与直接材料标准成本之间的差异。直接材料成本属于变动成本，其成本差异形成的原因（即成本动因）包括价格差异和数量差异。

数量差异是单位产品实际材料耗用量脱离单位标准材料耗用量所产生的差异。分析成本差异应注意以下方面：

1. 不能简单依据成本差异的方向来判断优劣和好坏，如节约就好，超支就不好。因为成本的发生是为了满足预期目标或目的的需要，进而实现价值增值。因此，在实现预期目标时成本的达成或节约才是有利的。

2. 确定成本差异的责任部门。材料价格差异通常应由采购部门负责，因为影响材料采购价格的因素一般由采购部门控制并受其决策影响。材料数量差异通常应由生产部门负责，因为影响材料用量的因素一般由生产部门控制并受其决策影响。

3. 明确成本差异产生原因并确定责任。虽然材料价格差异通常应由采购部门负责，但是有些因素是采购部门无法控制的。只有在科学分析的基础上，才能进行有效控制。同理，影响材料用量的因素也是多种多样的，包括生产工人的技术熟练程度和对工作的责任感、材料的质量、生产设备的状况等。用量超过标准大多是工人粗心大意、缺乏培训或技术素质较低等原因造成的，应由生产部门负责，但用量差异有时也会由其他部门造成。

（二）直接人工成本差异

直接人工成本差异是指实际产量下的直接人工实际成本与直接人工标准成本之间的差额。直接人工成本属于变动成本，其成本差异包括直接人工工资率差异和直接人工工时耗用量差异。直接人工工资率差异也称直接人工价格差异，类似材料价格差异；直接人工工时耗用量差异类似于材料用量差异。

直接人工工时耗用量差异是指单位实际人工工时耗用量脱离单位标准人工工时耗用量所产生的差异。直接人工工时耗用量差异是考核每个工时生产能力的重要指标，降低单位产品成本的关键在于不断提高单位工时的生产能力。影响直接人工工时利用的因素是多方面的，包括生产工人的技术水平和熟练程度、生产过程的安排和组织、生产工艺的选择、原材料的质量以及设备的状况等。所以，找出差异的同时要分析产生差异的具体原因，分清不同的责任部门，才能采取有效的控制措施。

（三）变动制造费用成本差异

变动制造费用成本差异是指实际产量下的实际变动制造费用与标准变动制造费用之间的差额。

变动制造费用是变动制造费用分配率与直接人工工时的乘积，因此变动制造费用差异包括变动制造费用分配率差异和变动制造费用效率差异。变动制造费用分配率差异类似于材料价格差异和直接人工工资率差异，变动制造费用效率差异类似于材料用量差异和直接人工效率差异。

由于变动制造费用是由许多明细项目组成的，并且与一定的生产水平相联系，因而仅通过上例中的差异计算来反映变动制造费用差异总额，并不能达到日常控制与考核的要求。

（四）固定制造费用成本差异

（1）固定制造费用成本差异，是指一定期间的实际固定制造费用与标准固定制造费用之间的差额。

固定制造费用属于固定成本，在一定业务量范围内不随业务量的变动而变动。因此，固定制造费用成本差异不能简单地分为价格差异和数量差异两种类型。根据固定制造费用不随业务量的变动而变动的特点，为了计算固定制造费用标准分配率，必须设定一个预算工时，实际工时与预算工时之间的差异造成的固定制造费用差异叫作固定制造费用生产能力利用程度差异。因此，固定制造费用差异包括开支差异、效率差异和生产能力利用差异。

（2）固定制造费用成本差异的分析与控制。在一定的业务范围内，固定制造费用不随业务量的变动而变动，表现出相对的固定性。对固定制造费用的控制和分析通常是通过编制固定制造费用预算以及将实际发生数与预算数的对比来进行的。

由于固定制造费用是由各个部门的众多明细项目构成的，因此，固定制造费用预算应就每个部门及明细项目分别编制。于是，固定制造费用应该按每个部门及明细项目分别记录，固定制造费用成本差异的分析和控制也应该就每个部门及明细项目分别进行。

第六节　预算管理与业绩考核

一、预算管理

（一）预算与预算管理

1. 预算

"预算"最初是政府部门用于管理财政收支的重要手段（即财政预算），伴随着市场经济的发展，这种计划手段逐渐为企业借鉴，发展成为企业内部规划和配置资源的重要管理方法。通常由企业财务部门或会计部门发起和组织预算的制定以及预算执行结果的决算、考评，从而使得预算成为企业的一个重要管理会计方法。

现代意义上的企业预算是由杜邦、通用汽车和西门子等西方大型企业发展起来的。预算的核心内容是企业内部各个运营管理部门基于当前资源基础和发展目标，评估下一阶段发展中资源需求和供给的关系，进而形成的一种资源配置计划。

预算是面向未来，围绕企业业务活动、管理活动对企业资源优化配置的一种规划。企业预算是以经营目标为指引，以经营计划和管理权责为纽带，由负责预算的各个部门预计未来资源需求、估算当前资源基础和未来资源的可获得性，从而完成资源供求匹配的一种资源配置计划。预算的主要特点是预计资源供求、响应经营计划，既有预计也有估算，既有财务资源的计划也有非财务资源的计划，故预算被称为企业管理上的"计划之手"。

在本质上，预算是围绕企业业务流程和管理流程，完整反映资源配置过程与预计配置结果的一种管理手段。在逻辑顺序上，预算通常是基于业务流程和管理流程预计各项资源的需求和供给，然后采用货币计量形成资源配置后的预计财务结果，从而使得预算具有自成体系的内在查考核算关系。

2. 预算管理

预算管理具有计划、控制和评价职能，是通过预算的形式将市场和公司内部经营过程、管理控制衔接起来的一种机制，其目的在于控制运营过程和结果，使之符合预算的要求。

将预算应用于企业管理中，一方面是在事前支持经营计划，即开展预算编制，另一方面是通过预算的执行开展考核评价，在管理会计上称为决算。以预算编制为起点，到中期决算和最终决算包含的预算执行监督与考评，形成了企业的预算管理体系，它在事前具有计划的作用，在事中和事后具有控制的作用。

所以，企业的预算管理体系是从预算编制到决算考评所包含的一系列管理会计方法的综合运用，是一种以资源优化配置为目标的管理实践。在预算管理的类型上，当预算管理与企业短期经营计划相结合时，形成的是日常预算管理；当预算管理与企业战略规划相结合时，形成的是战略预算管理。

（二）预算管理的框架体系

预算管理的基本框架是预算管理的主体，实施预算管理，分别对应着以下体系：

1. 预算管理的组织体系

为保证预算工作的有序进行和有效实施，在管理体制上一般要求企业在内部设立预算管理委员会专门负责预算的编制并监督实施。预算管理委员会通常由企业全面管理工作的总经理和分管生产、销售、财务等各主要职能部门的负责人组成，其主要职责是制定和颁布有关预算制度的各项政策，审查和协调各部门的预算申报，调解并解决部门间在预算编制和执行过程中出现的争执和问题，批准预算，监督检查预算的执行，分析并调整预算，促使企业各方协调运作，共同完成预算规定的目标和任务。预算管理的基本架构包括：

（1）预算管理决策机构。预算管理决策机构在企业的组织架构中属于公司治理层，通常直接归属于公司董事会，其主要职责包括：

1）制定企业全面预算管理制度，明确企业预算管理的政策、措施、办法和要求等。

2）根据企业战略规划和年度经营目标拟定预算目标，并确定预算目标分解方案、预算编制方法和程序。

3）组织编制、综合平衡预算草案，并下达经批准的正式年度预算。

4）审议预算调整方案，并协调解决预算编制和执行过程中遇到的重大问题。

5）审议预算考核和奖惩方案，并对企业全面预算的执行情况进行考核。

（2）预算管理工作机构。预算管理工作机构是企业预算管理工作的常设管理机构，其主要职责一般包括：

1）按照预算决策机构的要求拟定企业各项全面预算管理制度，并负责检查落实预算管理制度的执行。

2）根据预算管理决策机构拟定的预算目标，拟定年度预算总目标分解方案及有关预算编制程序、方法的草案，报决策机构审定。

3）组织和指导各级预算单位开展预算编制工作，并预审各预算单位的预算初稿，综合平衡，提出修改意见和建议。

4）汇总编制企业全面预算草案。

5）负责跟踪、监控企业预算执行情况，定期将各预算单位的预算执行情况进行汇总、分析后，将有关分析报告提交决策机构并提出决策建议。

6）协调解决企业预算编制和执行中的有关问题，并审查各预算单位的预算调整申请，汇总后制订年度预算调整方案，提交决策机构审议。

7）决策机构提交预算考核和奖惩方案，并组织开展对预算执行单位的预算执行情况的考核，将考核结果和奖惩建议提交决策机构。

（3）预算管理的执行单位。企业预算管理的执行单位是指在实现预算总目标的过程中，能够按照其所起的作用和所负的职责，承担一定的经济责任并享有相应权力和利益的企业内部单位，如企业内部的职能部门以及所属分（子）公司等。企业内部预算责任单位的划分通常与企业的组织机构设置一致。

预算管理的组织体系应当按照不相容职务相互分离的原则，划分各部门、各岗位在预算管理体系中的职责、分工与权限，明确预算编制、执行、分析、调整及考核等各环节的授权审批制度与工作程序。只有这样，才能做到分工明确、职责分明，通过层层分解将各项预算指标落实到每一个岗位和员工，并通过相互制衡、层层考核，加强预算的执行力，以确保企业目标的实现。

2. 预算管理的运转体系

预算管理的运转体系（即基本流程）一般包括预算的编制、执行和考核三个阶段。预算编制在广义上涉及预算编制、审批与下达等环节；预算执行包括将预算指标层层分解、将责任落实到预算单位和个人、对预算的执行进行监控、对预算执行结果进行分析、根据环境等因素的变化调整预算等环节；预算考核则是将考核对象所完成预算指标的情况进行决算，与企业事先制定的考核标准进行比对，然后再按照企业的考核方案进行奖惩。

预算的编制、执行和考核三阶段及其中的各业务环节间环环相扣、相互关联，在企业运营过程中不断地循环运转，达到对企业的经营活动进行全面控制的目的。

基于企业战略以及经营目标的需要，预算管理将企业内部的各种预测、计划与预算联结为一个整体，它们相互衔接并相互查考核算，共同组成了综合的预算管理体系，不只是某一专业职能部门的职责。

从预算与计划的关系而言,预算在编制的过程中以企业各下属单位的各种计划为基础,是工作计划的量化体现,同时也促进工作计划目标明确并且相互衔接。而要保持预算量化的合理性、可行性,就需要以战略目标为指引,开展科学预测。

预算编制通常围绕目标和计划开展,沿着预算管理的组织体系开展自下而上以及自上而下的反复调整,最终完成预算编制。而预算编制一旦确定下来后,即开始了预算的执行,进入运转部分,只有在一定条件下才会允许调整预算数字。预算调整往往是对客观因素导致的预算偏差进行调整,对主观因素造成的预算偏差通常不予以调整。而且,预算的执行乃至必要的调整都要经过预算管理制度在预算组织体系经由责任部门批准。

预算的背后是体系化的管理,涉及预算编制的管理、预算执行的管理,以及预算执行之后的决算分析管理。整个预算管理的运转还需要企业整体的管理制度提供支持,包括建立健全预算管理制度,明确预算组织体系的权责、预算编制制度、预算变更制度、决算分析制度等。另外,良好的人事管理、采购管理、生产管理都是为准确编制预算,确定企业运营所需的人、财、物等各项资源奠定管理基础;健全的信息系统可以让企业关键的资源投入和资源运用信息得到及时、准确、完整的反馈,从而为预算的编制和考核提供必要的管理条件。

3. 预算编制内容体系

要实现对业务流程的全覆盖,预算在编制上就要尽量完整充分地反映企业经营活动的主要内容与关键事项。考虑到现实中企业的多样性和经营的复杂性,下面以制造业企业为例,提炼企业预算编制的共同性。

(1)预算的结构。通常情况下,企业编制的预算包括面向一个年度(或一个经营周期)的业务预算(也称经营预算),超过一个年度(或一个经营周期)的资本预算,以及财务预算(各项子预算的资源安排,如筹资预算、现金预算,以及最终形成的预计利润表、预计现金流量表、预计资产负债表)。

在预算编制的主体上,业务预算(也称经营预算)、资本支出预算通常是由业务部门结合自身情况编制的,而这两项预算汇总出来的资源缺口或资源冗余,则需要财务部门来统筹安排,所以,筹资预算、现金预算以及预计报表属于财务预算。财务预算作为全面预算的一部分,是与业务预算密切相关的,它是在业务预算的基础上,用货币形式反映企业未来某一特定时期内有关现金收支、资金需求、资金融通、营业收入、成本及财务状况和经营成果等方面的详细计划,即它是用货币单位表示的企业财务计划。

(2)预算的主要内容。企业的预算通常包括基于日常经营活动的经营预算、资本支出预算和财务预算。

1）经营预算。经营预算是对企业日常经营活动和管理活动编制预算，具体包括销售预算、生产预算和销售及管理费用预算。

销售预算是经营预算编制的起点，包括销量预测、销售收入预算以及销售活动获取现金流入的预算。

生产预算包括产量预算、生产成本预算以及期末产品存货预算。生产成本预算按制造业产品成本的主要构成，包括直接材料预算、直接人工预算、制造费用预算。这三类预算的编制需要基于权责发生制进行直接材料、直接人工以及制造费用的成本预测开展预算编制；需要基于收付实现制，对材料采购、人工工资支付以及制造活动中其他现金流出开展预算编制。

2）资本支出预算。在日常的经营活动之外，企业还涉及长期投资业务以及相关的筹资业务，由此形成资本支出预算，具体包括投资预算和筹资预算。

3）财务预算。财务预算是综合反映经营预算和资本支出预算对企业财务状况、经营成果带来的影响，主要包括：

第一，现金预算表，包括预计经营活动现金流入流出、预计投资活动现金流入流出、预计筹资安排及其现金流入流出、预计利润分配相关的现金流出等。

第二，预计利润表，包括预计的各项经营收入、预计的各项经营成本以及预计的利润分配等。

第三，预计资产负债表，通常以企业财务会计的资产负债表项目及其编制原理为依据，结合各个预算编制项目完成预计资产负债表。

预算的编制是起点，是决定预算管理效果最为重要的因素。对生产、成本费用以及现金收支等各个方面进行预测，并在这些预测的基础上，最终形成一套包括预计资产负债表、预计利润表及其附表等在内的预计财务报表，用来反映企业在未来期间的财务状况和经营成果。

二、业绩考核

（一）以企业为主体的业绩考核

以企业为主体的业绩考核最初以考核利润为目标，后来以考核权益报酬率为目标，往往追求企业利润最大化或股东财富最大化。这种考核主要用于企业所有者对企业管理者进行的业绩考核，也经常用于企业上级管理者对下级管理者的业绩考核。

1. 以利润为基础的业绩考核指标

由于利润是企业一定期间经营收入和经营成本、费用的差额，反映当期经营活动中投入（所费）与产出（所得）对比的结果，在一定程度上体现了企业经济效益的高低，因而追求利润最大化往往可以给企业利益相关者带来好处。基于利润的业绩考核指标往往根据考核的需要确定，主要包括：

（1）营业利润率。营业利润率是企业一定时期营业利润与营业收入比率。营业利润率反映产品或服务的盈利能力，也反映企业的核心竞争能力。营业利润率越高，表明产品或服务的市场竞争力和盈利能力越强。

（2）成本费用利润率。成本费用利润率是企业一定时期利润总额与成本费用总额的比率。成本费用利润率是资源消耗的经济效益。成本费用利润率越高，表明企业为取得利润而付出的资源消耗越小；成本费用控制得越好，经济效益越高。

（3）投资报酬率。投资报酬率是企业投资项目年平均利润与项目投资总额的比率，表明企业投资的综合利用效果。投资报酬率越高，表明企业的投资效益越好。

（4）权益报酬率。权益报酬率又称净资产收益率，是企业一定时期净利润与平均所有者权益（即平均净资产）的比率，反映企业自有资金的投资收益水平。权益报酬率越高，企业自有资本获取收益的能力越强，对企业投资者、债权人利益的保证程度越高。

（5）资产报酬率。资产报酬率是一定时期企业利润总额与平均资产总额之间的比率。在市场经济条件下，企业间竞争日益激烈，企业的资产报酬率越高，说明总资产利用效果越好；反之越差。

2. 以权益报酬率为基础的杜邦分析体系

杜邦分析法的基本思路包括：

（1）权益报酬率取决于资产报酬率及权益乘数。企业财务管理的重要目标之一就是实现股东财富最大化，权益报酬率正是反映了股东投入资金的获利能力，以及企业筹资、投资和生产运营等各方面经营活动的效率。作为杜邦分析体系的核心，权益报酬率取决于资产报酬率和权益乘数。资产报酬率反映企业运用资产进行生产经营活动的效率高低，而权益乘数则主要反映企业的筹资情况，即企业资金来源结构。

（2）资产报酬率取决于销售净利率及资产周转率。资产报酬率具有很强的综合性，取决于销售净利率和资产周转率的高低。资产周转率反映总资产的周转速度，对资产周转率的分析需要对影响资产周转的各因素进行分析，以判断影响公司资产周转的主要问题在哪里。销售净利率反映销售收入的收益水平，增加销售收入、降低成本费用是提高企业销售利润率的根本途径，而扩大销售同时也是提高资产周转率的必要条件和途径。

（3）权益乘数表示企业的负债程度，反映企业利用财务杠杆进行经营活动的程度。资产负债率高，权益乘数就大，说明企业负债程度高，有较多的杠杆利益，但风险也高；反之，资产负债率低，权益乘数就小，说明企业负债程度低，有较少的杠杆利益，但相应所承担的风险也低。

杜邦分析法在揭示财务比率之间的关系之后，再将净利润、总资产层层分解，就可以全面、系统地揭示企业的财务状况以及各个因素之间的相互关系。它通过主要的财务指标之间的关系，直观明了地反映了企业的偿债能力、营运能力、盈利能力及其相互之间的关系，为经营者提供了解决企业财务问题的思路，并为企业提供了财务目标的分解、控制途径。

（二）以责任中心为主体的业绩考核

1. 建立责任会计

责任会计是现代管理会计的一项重要内容，是将庞大的企业组织分而治之的一种做法。

（1）分权管理与责任考核。现代企业内外环境日益复杂，企业的高层管理者既不可能了解企业所有的生产经营活动情况，也不可能为基层经理人员进行所有决策。

于是对组织中谁有权力做出决策、其应负的责任以及如何进行考核和奖惩等问题的思考，促使企业实行某种形式的分权管理制度，即将决策权随同相应的责任下放给基层经理人员，许多关键的决策由身处管理过程的经理人员做出，并确定相应的业绩考核指标和方法。

企业越是下放经营管理权，就越要加强内部控制。分权管理基于及时反应和调动下级管理人员积极性的需要，应加强责任会计的组织建设和信息化建设。

（2）责任中心。责任中心是指根据其管理权限承担一定的经济责任，并能反映其经济责任履行情况的企业内部责任单位。根据责任对象的特点和责任范围的大小，责任中心可以分为成本（费用）中心、利润中心和投资中心。

（3）内部结算价格。在责任会计体系中，为了分清经济责任，各责任中心之间的经济往来应当按照等价交换的原则实行"商品交换"。各责任中心之间相互提供产品（或劳务，下同）要按照约定的价格，采用适当的结算方式，进行计价结算。计价结算过程中使用的价格称为内部结算价格。

内部结算价格的制定应贯彻公平和效率原则，对具有前后"传递性"关系的责任中心来说，可以使它们在公平、合理、对等的条件下努力工作。

1）计划制造成本型内部结算价格。即以制造成本法下的计划单位成本作为内部结算单价。其优点包括：①将责任成本核算与产品成本核算有机地联系起来，没有虚增成本的现象；②各责任中心占用的资金也没有虚增数额，便于资金预算的分解落实；③将责任中心完工产品实际成本与按这类内部结算价格计价的"收入"进行比较，可以明确反映责任中心的成本节约或超支。

2）计划变动成本型内部结算价格。即以单位产品的计划变动成本作为内部结算单价。其优点包括：①符合成本性态，能够明确揭示成本与产量之间的关系；②能够正确反映责任中心的成本节约或超支，便于合理考核各责任中心的工作业绩；③有利于企业及各责任中心进行生产经营决策，可以根据产品变动成本和售价，决定是否接受订货进行生产。

3）计划变动成本加计划固定总成本型内部结算价格。即内部结算价格由两部分构成：①产品的计划变动成本；②计划固定总成本。采用这类内部结算价格进行结算时，相互提供的产品按照数量和单位产品计划变动成本计价结算，计划固定总成本则按月进行结算。这类内部结算价格除包含前述计划变动成本型内部结算价格的优点，还因将计划固定总成本由提供产品的责任中心转移给接受产品的责任中心，从而合理体现转移产品的劳动耗费，便于各责任中心正确计算产品成本。其不足之处在于较难合理确定计划固定总成本。

4）计划制造成本加利润型内部结算价格。即以单位产品的计划制造成本加上一定比例的计划单位利润作为内部结算单价。其优点是包含一定数量的利润额，责任中心在增加产量时，即使没有降低成本，也可以增加利润，有利于调动各责任中心增加产量的积极性，克服前述各种成本型内部结算价格的缺点。

5）市场价格型内部结算价格。即以市场价格作为内部结算单价。在提供产品的责任中心的产品能够对外销售，而接受产品的责任中心也可以外购的情况下，以市场价格作为内部结算价格，能够较好地体现公平性原则；各责任中心计算的利润就是企业实现的利润，有利于促使各责任中心参与市场竞争，加强生产经营管理。

6）双重内部结算价格。即提供产品的责任中心转出产品与接受产品的责任中心转入产品，分别按照不同的内部结算价格结算，满足各自管理的需要，其差额由会计部门进行预算调整。

2. 成本中心业绩考核

成本中心只负责控制和报告责任成本，并按照这一要求来确定自己的组织结构和任务。由于成本中心只对所报告的责任成本或责任费用承担责任，所以成本中心业绩考核的主要指标是标准责任成本、责任成本差异等。责任成本差异是指责任成本实际数额与责任成本预算之间的差额，反映了责任成本预算的执行结果。责任成本考核是对责任成本预算指标完成情况所进行的考察、审核，以及对责任成本中心的工作绩效所进行的考核。为此，成本中心业绩考核的主要指标是责任成本增减额、升降率等。

3. 利润中心业绩考核

（1）利润中心。利润中心一般负责产品定价、决定产品组合以及监控生产作业，有权制定资源供应决策并有自行定价的权力，因此在对利润中心进行业绩考核时，要充分考虑利润中心行使相应决策权力所涉及的方面。

利润中心包括自然利润中心和人为利润中心两种。自然利润中心具有全面的产品销售权、价格制定权、材料采购权及生产决策权；人为利润中心拥有部分的经营权，能自主决定利润中心的产品品种（含劳务）、产品产量、作业方法、人员调配、资金使用等。一般来说，只要能够制定出合理的内部转移价格，就可以将企业大多数生产半成品或提供劳务的成本中心改造成人为利润中心。

（2）利润中心的考核指标。对利润中心工作业绩进行考核的重要指标是其可控利润，即责任利润。责任利润一般有三种表现形式：毛利、部门贡献毛益和营业利润。

1）毛利。毛利是利润中心的可控销售收入减可控销售成本，不包含企业的经营费用，所以能够促使各责任中心的管理者进行有效的成本分析和控制。当然，正是由于毛利不包含经营费用，在考核时必须注意由于毛利增加而引起的经营费用的增加。如果毛利的增加会引起经营费用更大幅度地增加，使企业净收益减少，就违背了目标一致性的原则，是不可取的。

2）部门贡献毛益。考察部门贡献毛益首先要区分直接费用和间接费用。直接费用是指那些由于特定部门的业务所引起的能直接归属于该部门所控制的费用，如生产人员工资、设备折旧、房屋租金等。间接费用是指由企业整体受益而不能直接归属于某一部门的费用，如企业形象设计等。

与毛利指标相比，贡献毛益指标有明显的优越性。首先，由于把各部门可以影响和控制的经营费用记到各部门的账上，从而当使这些费用减少时既有利于各利润中心毛益的增加，也有利于企业净收益的增加，保持了利润中心目标和企业总目标的一致。

采用贡献毛益指标还有利于高层管理者进行部门间的横向比较，当某一部门亏损时，只要它能够创造贡献毛益，在没有更优方案的前提下就应该保留。

3）营业利润。营业利润是在部门贡献毛益基础上减去各部门应负担的全部营业费用以后的余额。采用营业利润作为考核评价指标，克服了毛利指标带来的利润中心目标和企业目标不一致的问题。但是，由于企业发生的管理费用都是间接为各部门产品生产和销售服务的，例如管理人员工资、办公费用以及管理用设备的折旧费用，这些费用不能直接确认、归属为某一部门，只能根据企业的具体情况，采用适当的比例加以分配。

（3）利润中心责任利润预算完成情况分析。进行责任利润预算完成情况的分析，主要是将各利润中心的实际责任利润与责任利润预算进行比较，确定责任利润的增加或减少，进一步分析增收或减收的具体原因。

分析责任利润预算完成情况的方法也与责任利润核算的内容密切相关。人为利润中心的责任利润是生产过程中创造的利润，其内部销售收入按内部结算价格计价，剔除了价格变动对责任利润的影响，因而，影响责任利润变动的因素主要是内部销售数量、销售成本的变动以及品种结构的变动。采用因素分析法可以确定各因素变动对责任利润的影响程度。不完全的自然利润中心的责任利润虽然是实际实现的利润，但不包括各项不可控因素，因而不是最终实现的利润。由于产成品按照内部结算价格计价，剔除了销售成本变动对责任利润的影响，销售税金及附加按计划税率计算，剔除了销售税率变动对责任利润的影响，因而，影响责任利润变动的因素主要是销售数量、销售价格、销售品种结构以及销售费用的变动。采用因素分析法可以确定各因素变动对责任利润的影响程度。完全的自然利润中心的责任利润是实际实现的利润，其分析方法与企业利润的分析方法相同。

4. 投资中心业绩考核

投资中心是企业最高层次的责任中心，它拥有最大的决策权，也承担最大的责任。投资中心必然是利润中心，但利润中心并不都是投资中心。利润中心没有投资决策权，而且在考核利润时也不考虑所占用的资产。

投资中心的业绩考核，既要考核其收益状况，更要结合其投入资金全面衡量其投资报酬率的高低和投资效果的好坏。投资中心一般考核投资报酬率和剩余收益。

（1）投资报酬率。投资报酬率是投资中心一定时期的营业利润和该期间的投资占用额之比。该指标反映通过投资而返还的价值，是企业从一项投资得到的经济回报。该指标既能揭示投资中心的销售利润水平，又能反映资产的使用效果。

投资报酬率综合反映了投资中心的经营业绩，作为一个相对数指标，可以用于不同的投资中心的横向比较，不同规模企业之间的比较以及同一企业不同时期的比较。但投资报酬率的缺陷在于可能导致管理者拒绝接受超出企业平均水平投资报酬率而低于该投资中心现有报酬率的投资项目，有损企业的整体利益。此外，由于管理层想方设法减少经营成本和管理费用以提升投资报酬率，也可能会减少企业未来增长所必要的投资，如研发费用的投入等，从而损害企业的长远利益。

（2）剩余收益。剩余收益是指投资中心的利润扣减其投资额（或净资产占用额）按规定（或预期）的最低收益率计算的投资收益后的余额，是一个部门的营业利润超过其预期最低收益的部分。

剩余收益和投资报酬率可以起到互补作用，剩余收益弥补了投资报酬率的不足，可以在投资决策方面使投资中心利益与企业整体利益取得一致，并且剩余收益允许不同的投资中心使用不同的风险调整资本成本。剩余收益最大的不足之处在于，不能用于两个规模差别比较大的投资中心的横向比较。

责任业绩考核并非只局限于上述财务指标基础上的考核，所有责任中心均会有重要的非财务业绩考核指标，如商品或劳务的质量、经营周期、顾客满意度、员工满意度和市场占有量等。这些非财务指标的重要性因责任中心的划分而各不相同。即使在同一类责任中心，由于各个部门权责范围的差异，重要性也会有所不同。这就要求基于各责任中心的具体特征进行详细的分析。

（三）基于经济增加值的业绩考核

经济增加值（简称 EVA）是一套以经济增加值理念为基础的财务管理系统、决策机制、激励报酬制度和绩效评价方法。

1. 经济增加值的特点

第一，EVA 度量的是资本利润。EVA 从资本提供者角度而言，度量资本在一段时期内的净收益。只有净收益高于资本的社会平均收益（资本维持"保值"需要的最低收益），资本才能增值。而企业利润衡量的是企业一段时间内产出和消耗的差异，而不关注资本的投入规模、时间、成本和投资风险等重要因素。

第二，不同投资者在不同环境下对资本具有不同的获利要求。EVA 剔除了资本的"个性"特征，同一风险水平的资本的最低收益要求并不因持有人和具体环境不同而不同。因此，EVA 度量的是资本的社会利润，这使 EVA 度量有了统一的标尺，并体现了企业对所有投资的平等性。

第三，EVA 度量的是资本的超额收益，而不是利润总额。为了留住逐利的资本，企业的利润率不应低于相同风险的其他企业一般能够达到的水平，这个最低限度的可以接受的利润就是资本的正常利润。EVA 度量的正是高出正常利润的那部分利润，而不是通常的利润总额。

以 EVA 作为考核指标的目的就是促使经营者像所有者一样思考，从而使两者的利益趋于一致。对经营者的奖励是他为所有者创造的增量价值的一部分，于是，经营者的利益与所有者的利益挂钩，可以鼓励他们采取符合企业最大利益的行动，并在很大程度上缓解因委托-代理关系而产生的道德风险和逆向选择，最终降低管理成本。

2. 经济增加值的内容

（1）EVA 是理念体系。EVA 是一种将价值创造置于所有管理活动核心的企业文化，是计划、决策和经营关注的焦点，是每个员工利益的体现和切实保障，因而应成为每个员工的责任。

EVA 强调企业所有营运功能都从提高企业 EVA 的基点出发，各部门在正确理解的基础上将会形成自动合作的机能。可以说，EVA 是一个理念体系，强调全员管理、全过程管理、全面管理，任何单位和个人的行为都会影响 EVA 的结果。

（2）EVA 是考核指标。作为考核指标，EVA 在计算过程中，首先对传统收入概念进行了一系列调整，从而消除了会计核算产生的异常状况，并使其尽量与真实状况相吻合。EVA 通过将所有资本成本纳入核算，并引入可接受最低投资回报的概念，使股东得到的回报有了正确的表述，也使业绩考核更趋于合理。

（3）EVA 是激励制度。EVA 通过其奖励计划，使企业管理者在为股东着想的同时，也像股东一样得到报酬。EVA 奖励计划的主要特征：①只对 EVA 的增加提供奖励；②不设临界值和上限；③按照计划目标设奖；④设立奖金库；⑤不通过谈判，而是通过公式确定业绩指标。这样的奖励计划实际上使管理者更关注公司业绩的改进。

EVA 帮助管理者将两个最基本的财务原则（企业价值最大化或者股东权益最大化，企业价值依赖于投资者预期的未来利润能否超过资本成本）列入其决策中。过去用奖金与利润挂钩的激励办法忽略了资本成本的概念，而利用 EVA 设计激励计划，便于经理人员更关注资产及其收益，并能够像投资者一样思考和工作。

（4）EVA 是管理体系。由于 EVA 是企业全部生产力的度量指标，所以能够取代其他财务指标和经营指标，并与决策过程相统一，形成完整的企业管理体系。EVA 指标真正的作用在于将其广泛地应用到企业管理中，包括企业的制度、工作程序和方法及一系列管理决策。建立在 EVA 基础上的管理体系密切关注股东财富的创造，并以此指导公司的决策和营运管理，从而使经营更加符合股东利益的要求，经营计划运行更加有效。

3. 经济增加值的调整

EVA 调整是为了完整反映企业的管理业绩，因为营业利润往往反映诸多因素的影响：主观、客观，内部、外部，可控、不可控，财务、非财务。这种调整使 EVA 比会计利润更加接近企业的经济现实。

从经济学的观点而言，凡是对公司未来利润有贡献的现金支出都应算作投资。

从会计学的角度而言，净利润是基于稳健性原则的要求计算的，因而将许多能为公司带来长期利益的投资（如研发费用）作为支出当期的费用来考虑。在经济增加值的计算中，将这些费用项目调整回来，以反映公司的真实获利情况和公司进行经营的长期资本投入。

（四）基于战略的业绩考核

以收益为基础的财务数据只能衡量过去决策的结果，却无法评估未来的绩效表现，容易误导企业未来发展方向。同时，当财务指标为企业绩效考核的唯一指标时，容易使经营者过分注重短期财务结果。在一定程度上，也使经营者变得急功近利，有强烈动机操纵报表上的数字，而不愿就企业长期策略目标进行资本投资。

这一转变表现为，以战略目标为导向，通过指标间的各种平衡关系以及战略指标或关键指标的选取来体现企业的战略要求，其最大特点在于引入了非财务指标。战略业绩考核模式中，比较有代表性并引起广泛关注如下：

1. 平衡计分卡

平衡计分卡（简称 BSC）是绩效管理的一种新思路，平衡计分卡以公司战略为导向，寻找能够驱动战略成功的关键成功因素，并建立与之密切联系的指标体系来衡量战略实施过程，并进行必要的修改以维持战略的持续成功。

平衡计分卡并非认为财务指标不重要，而是需要取得一个平衡：短期收益与长期收益的平衡，财务指标与非财务指标的平衡，外部计量（股东与客户）和内部计量（内部流程、创新与人员等）的平衡。传统过分强调财务指标往往导致企业内部关系的失衡，对企业的战略实施和长期发展不利。

平衡计分卡主要是通过财务与非财务考核手段之间的相互补充，不仅使绩效考核的地位上升到组织的战略层面，使之成为组织战略的实施工具，同时也是在定量评价和定性评价之间、客观评价和主观评价之间、指标的前馈指导和后馈控制之间、组织的短期增长与长期增长之间、组织的各个利益相关者之间寻求平衡的基础上完成的绩效管理与战略实施过程。平衡计分卡将战略置于中心地位，并使管理者看到了公司绩效的广度与总额。

（1）平衡计分卡的基本框架。平衡计分卡并没有否定传统战略和评估方法，而是对其的进一步发展和改进，把企业的使命和战略转变为目标和各种指标。在保留财务维度目标和指标的基础上，又加上了客户、内部业务流程、学习和成长三个维度。

平衡计分卡通过四大维度指标体系的设计来阐明和沟通企业战略，促使个人、部门和企业的行动方案达成一致和协调，以实现企业价值最大化和长期发展的目标。

1）财务维度。平衡计分卡要求企业的战略实施和执行最终带来财务维度的目标实现和财务指标（如利润）的改善，非财务指标（如质量、生产时间、生产率和新产品等）的改善和提高是实现财务目标的手段，而不是目的本身。财务指标衡量的主要内容包括：收入的增长和结构、降低成本、提高生产率、资产的利用和投资战略等。

2）客户维度。平衡计分卡要求企业将使命和战略诠释为具体的与客户相关的目标和要点，在这个过程中企业应当关注是否满足核心顾客的需求，而不是企图满足所有客户的偏好。客户最关心的不外乎五个方面：时间、质量、性能、服务和成本。企业必须基于不同的战略在这五个方面确立清晰的目标，然后将这些目标细化为具体的指标。客户维度指标衡量的主要内容包括市场份额、老客户挽留率、新客户获得率、顾客满意度、从客户处获得的利润率等。

3）内部运营维度。建立平衡计分卡的顺序，通常是在制定财务和客户维度的目标与指标后，才制定企业内部流程维度的目标与指标，这个顺序使企业能够抓住重点，专心衡量那些与股东和客户目标息息相关的流程。内部运营绩效考核应以客户满意度和实现财务目标影响最大的业务流程为核心，一般来说，既包括短期的现有业务的改善，又涉及长远的产品和服务的革新。内部运营维度指标主要涉及企业业务流程和管理流程的改良、创新过程、经营过程和售后服务过程等。

4）学习与成长维度。学习与成长维度的目标为其他三个维度的目标实现提供了基础架构，是驱使上述三个维度获得卓越成功的动力。面对激烈的全球竞争，企业现有的技术和能力已无法确保其不断实现未来的业务目标。尤其是在知识、技术和人工智能（AI）深刻影响未来的情况下，削减对企业学习和成长能力的投资虽然能在短期内增加财务收入，但由此造成的不利影响将在未来给企业带来沉重打击。学习和成长维度指标涉及员工的能力、信息系统的能力以及激励、授权与相互配合等。

平衡计分卡的发展过程中特别强调描述战略背后的因果关系，借助客户维度、内部运营维度、学习与成长维度评估指标的完成而达到最终的财务目标。

（2）基于低成本战略的平衡计分卡应用。低成本战略是企业为赢得价格竞争而追求行业内成本领先地位的竞争战略。企业采用该种战略能够获得成本优势，使得企业获得高于行业平均水平的收益，从而在竞争中受到更多的保护。

1）财务维度。平衡计分卡要求企业低成本战略的实施和执行最终实现行业内成本领先的地位和财务指标（如成本降低额、成本降低率、标准成本、利润等）的改善，非财务指标（如工时利用率、设备利用率、材料利用率、劳动生产率等）的改善和提高保障了行业内成本领先地位的实现。

2）客户维度。低成本战略要求企业在满足顾客核心需求的同时，不断降低成本，节约费用。因此，必须在客户最关心的价格、质量、服务等方面确立清晰的目标，然后将这些目标细化为具体的指标，如市场占有率、老客户挽留率、新客户获得率、顾客满意度等。

3）内部运营维度。低成本战略的目标是最大限度地降低成本，以赢得价格竞争。内部运营主要强调基于现有产品的成本动因分析以降低成本，如扩大经营规模以实现规模经济，采用技术革新降低产品单位消耗的材料或人工。此时，通过实际成本与标准成本间的差异分析来控制成本一般就可满足需要，采用的方法多为标准成本法、定额成本法、责任会计等。

4）学习与成长维度。正确理解成本的内涵，把握有效降低成本的途径和方法，是保障低成本战略获得成功的内在动力。基于管理需要的成本分类，从更多的视角寻找降低成本的可能。此时，多采用功能成本分析、质量成本管理等方法。

基于低成本战略的平衡计分卡强调财务结果，客户、内部运营、学习与成长三个维度都是为了实现行业内成本领先地位，主次关系十分明确。

（3）基于差异化战略的平衡计分卡应用。差异化战略是企业通过追求产品或服务的独特个性，而赢得市场竞争的竞争战略。该种战略要求企业所提供的产品或服务具有"差异性"，在全产业范围内形成一些独特的、其他企业的产品或服务无法替代的东西，从而取得一定的竞争优势。

1）财务维度。平衡计分卡要求企业差异化战略的实施和执行最终实现在产品或服务的某个方面的差异化，因此，首先重视顾客的需求满足，其次考核财务指标（如 EVA、毛利率、销售增长率等）的改善。可以说，财务是为业务服务的。

2）客户维度。差异化战略要求企业满足顾客核心需求，必须在客户最关心的功能、质量、服务等方面确立"差异性"目标，然后将这些目标细化为具体的指标。因此，更加重视非财务指标的改善和提高，如独创性、市场占有率、顾客满意度、产品返修率等。

3）内部运营维度。差异化战略主要强调基于竞争优势的动因分析，如新技术、新产品、新材料、新工艺等创新性活动，以及围绕流程再造的组织创新。例如，面向市场，成本控制较多地考虑生命周期中产品成本在企业上下游的分布情况，将研发成本、消费成本纳入成本控制的范围。

4）学习与成长维度。差异化战略要求企业掌握不断创新的能力，更新知识、提升技术，广泛深入地利用 AI 进行产品规划和组织变革，把握未来需求发展的基本脉络。此时，人力资源管理成为企业优化管理的重要基础。

基于差异化战略的平衡计分卡更加强调过程管理，客户、内部运营、学习与成长三个维度是实现差异化战略的根本，财务是为过程服务的。

2. 业绩金字塔

业绩金字塔强调公司总体战略与业绩指标间的重要联系，企业分为四个层次：公司总体战略位于最高层，由此产生企业的具体战略目标，并在企业内部逐级传递，直到最基层的作业中心。有了合理的战略目标，作业中心就可以开始建立合理的经营效率指标，以满足战略目标的要求。然后，这些指标再反馈给企业高层管理人员，作为制定企业未来战略目标的基础。

从业绩金字塔可以看出，战略目标传递的过程是多级瀑布式的，它首先传递给业务单位层次，由此产生了市场满意度（市场目标）和财务业绩指标（财务目标）；然后继续向下传给业务经营系统，产生顾客满意度、灵活性、生产效率等指标；最后传递到作业中心层次，产生质量、交货、周转期和成本等指标。

业绩信息渗透整个企业的各个层面。这些信息由下而上逐级汇总，最终使高层管理人员可以利用这些信息制定未来的战略目标。业绩金字塔着重强调企业战略在确定业绩指标中所扮演的重要角色，反映战略目标和业绩指标的互动性，揭示战略目标自上而下和经营指标自下而上逐级反复运动的层级结构。这个逐级的循环过程揭示了企业持续发展的能力，为正确评价企业业绩做出了意义深远的重要贡献。

业绩金字塔模型从战略管理角度给出了业绩指标之间的因果关系，对指标体系的设计具有启发性，但没有形成具有可操作性的业绩考核系统。此外，业绩金字塔没有考虑企业的学习和创新能力，这在竞争日益激烈的今天，不能不说是一个明显的缺点。

3. 战略管理地图

平衡计分卡既是一种战略管理工具，同时也是一种战略管理思想。平衡计分卡的四个维度形成了一系列的因果关系链，而每个维度中的衡量指标都形成了一套逻辑链条，这些关系链条就将企业的战略所期望的结果和获得这些结果的驱动因素结合起来。将这些关系链条整合在一起就形成了基于平衡计分卡的战略管理地图。

战略管理地图可以帮助企业用连贯、系统和整体的方式来看待企业的战略，有助于企业更精确地定义客户的价值取向，增进内部流程活动能力，增强学习与成长能力，最终达到股东价值最大化的目标。

当然，由于不同企业处于不同的行业，不同企业采用的竞争优势的战略不一样，因此企业的战略管理地图也是千差万别的。

第六章 企业财务会计与管理会计的融合发展

第一节 财务会计与管理会计的区别与联系

一、财务会计与管理会计的区别

1. 职能的区别。财务会计是反映过去的会计，其职能侧重于核算和监督，属于报账型会计；

管理会计是规划未来的会计，其职能侧重于对未来的预测、决策和规划，对现在的控制、考核和评价，属于经营管理型会计。

2. 服务对象的区别。财务会计主要向企业外部各利益相关者（如股东、潜在投资者、债权人、税务机关、证券监管机关等）提供信息，是对外报告会计；管理会计主要向企业内部各管理层级提供有效经营和最优化决策所需的管理信息，是对内报告会计。

3. 约束条件的区别。财务会计进行会计核算、财务监督，必须受会计准则、会计制度及其他法规的制约，其处理方法只能在允许的范围内选用，灵活性较小；管理会计不受会计准则、会计制度的制约，其处理方法可以根据企业管理的实际情况和需要确定，具有很大的灵活性。

4. 报告期间的区别。财务会计面向过去进行核算和监督，反映一定期间的财务状况、经营成果和资金变动情况，应按规定的会计期间（如月、季、年）编制报告；管理会计面向未来进行预测、决策，因此其报告的编制不受固定会计期间（如月、季、年）的限制，而是根据管理需要编制反映不同期间经济活动的各种报告，只要需要，它可以按小时、天、月、年甚至若干年编制报告。

5. 会计主体的区别。财务会计以企业为会计主体提供反映整个企业财务状况、经营成果和资金变动的会计信息，通常不以企业内部各部门、各单位为会计主体提供相关信息；适应管理的需要，管理会计既要提供反映企业整体情况的信息，又要提供反映企业内部各责任单位经营活动情况的信息，因而其会计主体是多层次的。

6. 计算方法的区别。财务会计多采用一般的数学方法进行会计核算；管理会计在进行预测、决策时，要大量应用现代数学方法和计算技术。

7. 信息精确程度的区别。财务会计反映已经发生或已经完成的经济活动，因此其提供的信息应力求精确，数字必须平衡；由于管理会计的工作重点是面向未来，未来期间影响经济活动的不确定因素比较多，加之管理会计对信息及时性的要求，这决定了管理会计所提供的信息不能绝对精确，一般只能相对精确。

8. 计量尺度的区别。为了综合反映企业的经济活动，财务会计几乎全部使用货币量度；适应不同管理活动的计量需要，管理会计虽然主要使用货币量度，但也大量采用非货币量度，如实物量度、劳动量度、关系量度等。

二、财务会计与管理会计的联系

第一，基于起源的联系。财务会计与管理会计都是在传统会计中孕育、发展和分离出来的，作为会计管理的重要组成部分，标志着会计学的发展和完善。

第二，基于目标的联系。尽管管理会计、财务会计分别向企业内部和外部提供信息，但最终目标都是使企业能够获得最大利润，实现价值的最大增值。

第三，基于信息的联系。管理会计所使用的信息尽管广泛多样，但基本信息来源于财务会计，有的是财务会计信息的直接使用，有的则是财务会计信息的调整和延伸。

第四，服务对象交叉。虽然财务会计与管理会计有内外之分，但服务对象并不严格、唯一，在许多情况下，管理会计的信息可以为外部利益集团所利用（如盈利预测），财务会计信息对企业内部决策也至关重要。

第二节　财务会计与管理会计融合的理论基础

一、起源融合

财务会计和管理会计这两个概念的出现和分化，实际上是社会经济发展到一定阶段的产物，是会计活动的外延扩展的同时，为学科的发展而发生了技术分工的结果。从历史的角度而言，二者同样是从原始的会计簿记活动之中发展而来，起源是一致的，在本质和职能上具有天然的、内在的契合性。

二、目标融合

会计的目标是会计工作想要达到的境界或实现的要求，会计目标可能有多个层次，构成一个由上至下的目标体系，而在此讨论的是会计的最终目标，其与会计的本质是息息相关的。财务会计工作的主要内容，是向信息使用者提供财务报告的整个过程。财务报告是财务会计工作成果的一种表现形式，而并不是财务会计工作这一过程本身。

从经济学角度而言，财务信息的公开能够促使社会资金向效率更高（即财务表现更为优良）的地方流动，有助于优化社会资源的整体配置。不断完善生产关系，就是通过财务会计报告反映资产的运营和获益情况，并将结果输出给各利益相关者，检查、验证组织和组织内部各部门是否按照既定的制度或契约运行，监督受托责任的履行情况，保障界定好的产权结构和各产权主体的利益不受破坏。

从根本而言，财务会计的最终目标有二：①保护产权关系，维护利益相关者的合法权益；②提高组织的经济效益，进而改善资源的社会效益。与财务会计相比，管理会计的目标相对明晰。管理会计是为管理而设。管理会计实质上是一种改善管理、发现和创造价值的管理活动，或者说一种追求价值增值的持续改进过程，其最终目标就蕴含在本质之中，也就是提高企业经济效益，实现企业价值的最大化，同时通过会计监督职能的发挥，达到维护各产权主体的各种财产权利的目的。

这样，通过内外配合、互相反馈的方式，管理会计最终与财务会计一起，共同服务于现代企业管理的总体要求，实现会计最原始和终极的目标，在维护各利益相关者合法权益的同时，促进企业和社会经济效益的提高。

三、本质融合

（一）信息系统论

信息系统论虽然强调会计作为信息系统，是以提供财务信息为主，但同时也明确了会计的目标是提高经济效益，加强经济管理，实际上亦涵盖了现代管理会计的职能。管理活动论观点创造性地提出了"会计管理"的概念，认为会计不仅是管理经济的工具，它本身就具有管理的职能，会计的本质是一种管理活动、一项经济管理工作。

（二）管理活动论

管理活动论把会计管理的内容确定为价值运动，认为会计是人类有意识的价值管理活动，会计学是研究人们如何运用计量技术对社会生产进行管理的科学体系。在会计职能方面，管理活动论从马克思对"簿记"的定义"过程的控制和观念的总结"出发，认为过程控制在先，观念总结在后，两者结合起来，恰好解释了会计的两项基本职能，即反映与监督，这两项职能虽然可以表现为不同的学科分支或分离的工作岗位，但这些学科和岗位之间却始终具有紧密的联系，无法彻底分割。

管理活动论实际上并不主张将会计割裂为会计、统计、审计、财务管理、经济分析等独立学科，因为在现代会计出现之前的数千年中，"会计"这概念本身就包含了上述的多种职能和含义。这些独立学科的出现，是因为随着经济发展和社会制度的变化，会计学科的外延逐渐扩大，新的技术方法不断丰富和完善，所以为了研究和教学的方便，要将部分学科单独分离出来。

从根本而言，这些学科只是会计的反映和监督职能在范围和内容上的分工，并不影响或改变会计科学的本质属性，其本质仍然是同一的，财务会计与管理会计自然也是如此。

（三）会计控制论

会计控制论也被称为控制系统论或受托责任论，该学派的代表人物杨时展教授将受托责任论与会计控制系统论结合，将会计定义为一个以货币量度，按公认标准来计量、控制、认定受托责任的完成情况，以便决策的控制系统。

受托责任认为，会计的目标是以适当的方式有效反映受托人的受托责任及其履行情况。将受托责任划分为三类：①财务会计反映的受托责任主要是财务活动的纪律和财务报告的可信性；②管理会计反映的受托责任主要是经济行为的效率性和效果性；③社会会计所反映的受托责任主要是经济行为的社会影响、自然影响，三者共同构成宏观的会计控制系统。

能动地使这个可信地反映出来的客观真实，符合人们的主观意志，即实现"控制"的目标，仅仅将会计认为是信息系统，不能代表会计所已达到的水平根据此提出了会计是"控制系统"的观点，并进一步将该观点与受托责任观相结合，发展了会计控制系统论。考察"控制系统论"的观点，不难发现，主观能动地控制所提供的信息，使经济活动的结果"按人们预定的目标来发生"，反映到会计实践中也就是全面预算和管理控制等"管理会计"活动。

会计通过提供信息、计量组织中每个人的贡献、向参与者分配利益、报告契约的履行情况，以及在全社会形成统一会计标准，从微观和宏观两个角度保证组织契约的实施和推行。这种观点同样涉及了会计对内（组织内部共享信息）与对外（全社会统一会计标准）的双重职能。

信息系统论、管理活动论和会计控制论能更清晰地描述现代会计的特质。会计学科的不同分支只是会计的基本职能（反映和监督）在范围和内容上的分工。财务会计与管理会计都是从原始的会计活动中派生出来的分支，其本质是同一的，职能上互相融合，互相补充，共同组成了现代组织中完整的会计管理活动，从根本上来说是无法完全割裂的。

四、边界模糊化

竞争的全球化，商业网络的发展，知识经济时代带来新挑战，以及证券市场在金融资源配置中的重要性的提高，使企业面临的经营环境发生了很大变化。这些变化对会计信息提出了新的要求，企业需要面向未来、更为前瞻性和长期的信息，以便给战略规划和经营决策提供信息支持。促进财务会计与管理会计的融合包括：

第一，智力资本报告。智力资本包括人力资本、组织资本和关系资本三个组成部分，是企业重要的、不可复制和代替的无形资产，是企业核心竞争力的关键要素。

根据智力资本报告体系的要求，智力资本计量的起点是组织的员工情况、组织资源、对外关系等管理信息，这些信息通过一定的指标体系，转化为一系列量化信息并形成报告，这其实是一个管理会计系统向财务会计系统输送信息的过程。对外披露智力资本报告的要求，使企业管理系统与对外报告系统紧密结合在了一起，强化了财务会计与管理会计的融合。

第二，全球报告倡议组织（简称 GRI）致力推动的可持续发展报告，或称企业社会责任报告。可持续发展报告突破了财务会计和管理会计互相独立的传统，旨在创设种跨越财务、社会和环境的综合性报告体系。这种报告通过提供包括管理会计信息在内的内部信息，增加了企业对利益相关者的受托责任履行情况的透明度，进而影响企业的管理控制革新。

财务会计与管理会计融合在企业内部管理上的体现，主要是在企业运用的各类现代管理会计控制工具之中，财务会计数据和会计控制过程发挥的不可替代的作用，及财务会计流程与管理会计方法的紧密结合。

财务会计活动对企业的物质运动与价值运动进行真实、公允的记录，反映的是企业经营情况、资产结构和现金流量的实际情况。在一个完整的管理控制过程中，考核和反馈是不可缺少的环节，而考核和反馈的依据，当然是企业的实际表现。

企业管理的实质，是通过对人的管理实现对物的管理，以及对社会经济活动的管理。而对人的管理关系有三种：①所有者对管理者；②上级管理者对下级管理者；③管理者对执行者的管理。

在现代企业的会计管理中，三种管理关系分别通过会计记录的逆向报告来实现。其中，财务会计使用会计信息作为企业管理者业绩、行为的记录，实现资本所有者对管理者行为和能力的监督，同时，代表资本所有者权益的股东大会或董事会，依据企业的业绩表现，决定对管理者的任免，以及管理者的薪酬，从而实现对管理者行为的控制。

管理会计则对企业内部全流程、全环节的绩效进行细致的记录和考察，从而对企业内部每个人的行为进行评价，实现上级管理者对下级管理者，以及管理者对执行者的监督和控制。现代管理会计理论和实践发展的趋势之一，就是试图建立一种"全能"的管理控制系统，即依靠一种统一的管理会计工具，实现对企业的全面管理。在这样的管理控制体系之下，财务会计与管理会计是无法割裂地发挥作用的。只有二者的融合，才能将三个层次的管理关系联合起来，使会计的预测、决策、计划、监督、控制、考核、分析等职能得以在一个体系中得到充分、完整的发挥。

第三节　　财务会计与管理会计融合实践

财务会计与管理会计是从原始会计活动中发展而来的，二者的分化，是因为随着社会经济条件的发展，以及会计活动的复杂化和外延扩大化，为了方便研究和使用，而根据研究角度和使用方法的不同，进行了学科分支的划分。二者从本质上来说始终是同一的，最终目标也是一致的。而从现实角度来看，财务会计与管理会计在企业实践中也从来就不是相互孤立的，二者同为企业会计管理活动的重要组成部分，在企业经营的各个环节都有着密切而不可分割的联系。在现代企业管理中，财务会计与管理会计的融合贯穿会计管理过程的始终。

一、信息输入融合

财务会计与管理会计都是以企业发生的经济交易和事项为依据，来进行会计信息的归集、计量、记录和运用，二者的核算对象都是企业现在和未来的资金运动，在核算内容上有很多交叉和重叠，其原始信息的来源是一致的。

财务会计与管理会计的融合能够显著提高管理控制的有效性，并且这种影响是源自财务会计与管理会计提供的会计信息的协调一致，这种协调一致有助于管理者对会计信息的理解。实践证明，使用财务会计数据作为管理会计的信息来源，并不必然导致管理会计对管理决策的相关性丧失，反而可能因为会计语言的一致性，有益于管理效率的提升。企业在设计其会计体系时，应充分考虑到有利于管理效率提升和成本效益的原则，选择适合本企业实际情况的设计。

二、控制过程融合

财务会计与管理会计作为一种管理活动或管理过程，在企业经营管理中互相辅助，共同发挥着管理控制的职能。二者在管理控制过程中的融合主要是通过企业运用的各类管理会计工具的沟通作用进行的。目前，无论是战略管理会计、全面预算管理、经济增加值会计等贯穿企业全流程的综合性管理控制方法，还是成本管理、投资决策等针对企业某一具体方面的管理会计活动，其总体流程从本质上来说都遵循相似的逻辑，主要包括战略分解、目标制定、贯彻执行、分析考核等环节。

在各个环节的运用中，其实都离不开财务会计工作。以在我国企业中运用较为广泛的预算管理为例，预算的编制贯穿企业的采购、生产、财务会计与管理会计在企业实践中的融合销售、收款、投资等全流程，但都以财务预算为终点，编制结果最终表现为预计的财务报表，该表的形式与真实的财务报表应当是一致的，这样才便于后面预算考评的进行。

编制预算的目的是对企业未来的经营活动有明确、具体的规划，以便依据预算，对企业内部各部门、各单位进行资源分配，并在企业实际经营的过程中，以预算数据为标准，对企业各部门、各单位的经营绩效进行全程的考察和监督。而在这种监督考察的过程中，用来与预算数据进行比对的，是企业经营的实际成果，反映在数字上就是财务会计数据，比如收入、成本、利润、各项费用等。当实际的财务数据与预算发生偏离时，企业就能通过偏差的具体情况，察觉出现问题的环节，以便及时做出修正。

通过预算，为企业各部门、各单位、各生产线等设定了经营目标，形成对其经营活动的控制，而通过各部门的实际财务表现与预算数字的对比，又形成了及时的反馈，在不断修正过程中，持续改善企业经营，适应竞争环境，推动企业目标的实现。

业绩评价是财务会计与管理会计直接发生联系的重要环节。业绩评价本身是一种管理会计工具，同时也是企业管理中必要的环节。无论企业采用何种管理方法，其实都离不开对企业员工和部门的业绩进行的评价。业绩评价体系根据企业采用的管理会计工具和实际需要设计，一般包括对财务业绩的定量评价，以及对管理业绩的定性评价，其中对财务业绩的评价是不可或缺的组成部分。

财务业绩的评价依据是企业各部门实际的财务表现，如利润率、经济增加值、投资回报率等，就是相关部门和员工重要的业绩评价标准之一。而在依据财务数据及其他方面的表现，按照业绩评价体系的逻辑，对企业中的部门和个人的工作业绩进行评价之后，通过实施奖惩措施，形成激励机制，让员工自觉修正其行为和思维，鼓励其提高工作绩效，从而反过来又起到贯彻企业目标、改善企业经营，同时也提高财务绩效的效果。这样，通过管理会计方法与财务会计数据之间建立的双向反馈机制，实现对企业的管理控制。

总之，管理会计方法在企业中的运用，本身就是财务会计与管理会计在企业经营中的过程性融合的一种实现方式。管理会计主要起控制作用，财务会计主要起反映作用，结合起来形成有机循环，共同保障企业战略的落实。

三、成果表达融合

我国会计理论界对财务会计与管理会计的认识一直是管理会计对内，财务会计对外，管理会计活动生成的应是供内部人员使用的管理会计报告，财务会计活动生成的则是对外发布的财务会计报告。

企业对外提供和内部使用的会计报告在内容上是有很多交叉的。近年来，企业对外报告的显著变化之一，就是对非财务信息的披露要求不断增加，并成为改进财务报告的一个显著发展趋势。实际上，如今的"财务报告"，其内容和形式与现代财务报告这一事物刚刚诞生的时候早已不可同日而语。两张报表扩大到了四张报表，利润表向综合收益表转化，单纯的财务报表扩大为包含了其他非财务信息的综合性报告，远远超越了单纯的"财务"。

对表外信息的要求，实际上与知识经济时代的特征有着一定的关联。在这个知识经济时代，决定企业竞争力和价值的关键并不是有形资产的数量和质量，而是人力资源、智力资本、知识产权、组织资源等无形资产，而有关这些资产的价值信息在当前的财务会计准则体系之下，显然无法在财务报表之中进行确认，也很难对其价值进行计量。

财务报告使用者又希望尽可能地了解企业真实的竞争实力，在这种情况下，对企业各方面特征进行描述的非价值性信息的有用性便不断增强。而其中，管理会计系统提供的信息是一个重要的方面，因为它可以使描述性的说明和量化的结果紧密结合增强会计信息的有用性。

总之，当代企业对外报告要求的变化和社会经济情况的发展，使会计信息提供者和使用者、财务会计信息和管理会计信息、外部财务报告与内部管理报告之间的界限变得模糊，管理会计信息和财务会计信息交叉构成了企业的对外和内部报告的主要内容。

第四节 财务会计与管理会计的融合与全面预算管理

一、全面预算管理及其在企业中的作用

在企业的预算管理实践中，有一类预算管理试图更为深入、全面地覆盖企业的运营管理流程，力图将流程中每项关键环节的资源需求、资源耗费以及资源的供应都尽量科学合理地预计、估算到位，并随着预算的执行开展必要的监督，从而令预算管理体系能够充分地融入企业的经营管理实践，通过有效贯彻预算，促进企业实现其经营目标乃至战略目标。这就是预算管理的一类最优实践——全面预算管理。全面预算管理是基于预算管理的基本内容，将预算编制以及预算的执行、考核全覆盖于企业的主要流程与管理职能中。

（一）全面预算管理的全面性体现

1. 全面预算管理的全面体现在预算管理对象的全方位上，即预算编制全方位地覆盖企业的各项运营和管理活动，将企业的人、财、物等各类资源，以及供、产、销等各个环节均纳入预算管理范畴，而且通过预算的编制、分解、下达以及执行、分析、调整、考核及奖惩，对企业各项经营活动进行事前、事中和事后的全过程管理。

2. 全面预算管理的全面体现在预算管理对其他管理手段的全面运用上，作为一种管理控制方法，全面预算管理是将企业计划、协调、控制、激励、评价等综合管理功能融合到一起，整合和优化配置企业资源，提升企业运行效率，帮助企业实现发展目标。

3. 全面预算管理的全面体现在预算管理主体的全员参与上，全面预算管理要求企业所有部门、单位以及岗位和人员等都参与到预算的编制与实施过程中，共同进行管理，通过全员参与的方式促使企业的预算管理最大可能地吸收企业流程中的各项信息，保证预算编制的准确性，以及预算考核的合理性。因此，全面预算是促进企业实现其发展战略和年

度经营目标的有效管理方法，也是实现业务与财务融合的一个管理抓手。

（二）全面预算管理的作用

全面预算管理是利用预算，对企业内部各部门、各单位的各种财务及非财务资源进行分配、考核、控制，以便有效地组织和协调企业的生产经营活动，完成既定的经营目标的一种管理活动。全面预算管理的特点是企业全过程、全方位及全员参与，全面渗透了企业各种水平、各个过程的经济活动，包括销售预算、生产预算、成本预算、采购预算、现金收支预算等多个模块，将收入、费用、资产与财务需要合为一体，形成有机系统，使各个部门、各个项目的决策结合成为整个企业的制度。

全面预算管理是综合贯彻企业经营战略的一种重要的管理工具，对现代企业的成熟与发展起过重要的推动作用，目前在世界范围内应用也非常广泛。通过全流程、全部门参与预算的方式，能把组织的各种关键问题融合于一个体系之中，集有效的规划、控制、评价于一体，是实现企业目标的有效手段。

二、全面预算管理中财务会计与管理会计的融合

（一）全面预算编制融合

对于全面预算编制的起点，是通过制定产量、成本及现金收支等预算的过程，最终的落脚点都是在财务预算，即对企业资产、负债和现金流量的预期之上。因此，整个预算编制过程总是以预计的利润表、现金流量表和资产负债表为终点，表示企业对未来期间的财务状况和经营成果的总体预测。

在编制预测性报表中，归集数据的逻辑与编制实际的财务报表的流程和逻辑一致，各业务部门的业务预算，同样要经过财务人员的归集计量，才能形成财务预算。这三张预测性报表的形式、项目和口径与实际的财务报表应当是一致的，这样编制的预测报表与反映企业实际财务状况、经营成果和现金流量的财务报表才具有可比性，也才能正确发挥预算的功能。而要实现这一点，前提是预测性报表编制过程中所适用的对经济事项进行确认、计量和记录的标准，都应严格按照财务会计准则的要求进行。

（二）全面预算控制环节融合

要使全面预算能够真正发挥管理控制的功能，除了编制预测合理、符合事实的预算，

重要的是建立一个完整的预算控制制度，将预算的编制、执行、分析、调控、考评等多个环节联合起来，形成"计划—控制—反馈—考核"的持续改进的循环。预算必须与战略、与奖惩制度、与预算动因建立起密切的逻辑联系，而不应仅仅是为预算而预算，变成财务部门或预算机构的"自娱自乐"。这种反馈和考核过程，即是一种实际信息和计划信息的互相对照、互相修正、互为标杆的双向反馈。

全面预算管理系统应该持续关注企业内全方位的经营成果，通过特定的信息收集系统，持续归集能够与全面预算中涉及的各个指标钩稽的量化数据，并与预算进行比对。预算管理中不可或缺的一个环节是预算考评，即考核各预算目标的实现情况，并进行相应的奖惩，通过奖惩，建立激励机制，鼓励员工和管理者为完成预算目标努力，通过对"人"的行为的控制实现对资产、收入、现金流等"物"的控制。

财务会计与管理会计的融合与全面预算管理而上述用于比对、考评的信息收集系统，收集的其实就是会计信息，而且主要是财务会计信息，如特定期间的销量、销售金额、生产或采购成本、期间费用、利润等数据，都是预算中重要的量化指标。这些量化指标与业务、财务预算的比照，形成了预算反馈和考评的回路，通过对偏差的反映、反思和纠正，促使企业不断向其目标靠拢。

第五节 财务会计与管理会计在企业管理中融合的实现

一、财务会计与管理会计融合准则与模式

1. 财务会计与管理会计融合准则。企业内部管理中财务会计与管理会计的融合建立在以全面预算管理为核心的管理控制体系之上。全面预算管理的制定以预计财务报表为终点，因此制定预算时，对预计的经济事项的确认、计量、记录和报告，与真实的财务会计流程一样，是按照财务报告准则的要求进行。因此，财务会计与管理会计能够良好融合的必要前提之一，是企业遵循的会计准则与其进行管理控制所需的会计处理方法相容性较好。

2. 财务会计与管理会计融合模式。财务会计与管理会计在企业管理中融合模式，设计时需要考虑的内容包括：①综合会计控制体系的设计，应符合特定企业个性化的战略需求；②会计管理制度设计存在着显著的路径依赖，应是一个逐步演进的过程，要考虑到企

业原本的管理会计制度，加以渐变式的改进；③先易后难，考虑成本效益，平稳过渡。

全面预算管理是财务会计与管理会计在企业实践中发生联系的主要结合点，因此是财务会计与管理会计有机融合中不可或缺的环节。全面预算管理的一些内在缺陷，需要通过在绩效考评中加入作为利润驱动因素的非财务指标，从而与企业的战略目标建立更密切的逻辑关系，来加以改进。全面预算控制的思想方法简单，过程和技术简明易懂，而且在我国很多企业中都有相关的实践，实行的基础较好。虽然预算模式在管理思想上略逊于平衡计分卡模式，但考虑到现实因素和成本效益原则，以全面预算管理为中心，并通过加入对非财务指标的考量对其进行改良，这样的管理控制模式就能够较好地实现企业财务会计与管理会计的有机融合。

二、财务会计与管理会计融合实现

（一）有利于建立企业战略与财务绩效的关系

无论怎么强调不可量化的无形资产、组织资源和可持续发展能力在现代企业中的重要地位，企业作为一种盈利机构，始终要以获取利润、为股东创造价值增值为落脚点。所以，依据会计准则衡量的财务表现依然是企业最重要的成绩单。企业的长期战略，从本质上说其实也是以企业长期的健康发展和持续的价值增值为目的。因此，在企业长期战略的制定和执行过程中，总是要考虑到战略选择及其执行情况对企业财务状况的影响，同时也受到企业财务状况的制约。

企业战略与其财务表现之间，通过管理会计工具，对企业战略进行分解，明确战略与财务绩效之间的影响逻辑，将战略转化为具体的目标和计划，再与企业的实际财务表现形成反馈，才有助于战略的实现和企业价值的增值。

（二）有利于会计的管理职能的发挥

企业管理的实质，是通过对人的管理实现对物的管理，以及对社会经济活动的管理。会计作为一项管理活动或者一种管理过程，通过对经济事项的反映和对经济关系的监督，在企业的管理中发挥着重要的作用。

财务会计通过对经济事项的确认、计量、记录，实现的是企业对资金、资产、原材料、产品等"物"的管理，和对经济活动的管理。而管理会计通过预算管理、绩效评价、责任会计等方法，达到分解任务、明确责任、奖先惩后的目的，以对经济活动的管理为手段，落脚于对"人"的管理。财务会计与管理会计的有机融合，可以使管理功能融合起来，有利于会计更好地发挥其管理职能，为提高企业效益做出贡献。

参考文献

[1] 陈上金. 企业财务会计与管理会计融合发展模式探析 [J]. 商场现代化, 2020 (18)：163-165.

[2] 戴德明，林钢，赵西卜. 财务会计学（第 12 版·立体化数字教材版）[M]. 北京：中国人民大学出版社, 2019.

[3] 戈卫英. 管理会计在企业全面预算管理中的整合策略 [J]. 企业改革与管理, 2019, 344 (03)：173-174.

[4] 韩文连. 管理会计学 [M]. 北京：首都经济贸易大学出版社, 2018.

[5] 何建丽. 财务会计与管理会计融合的理论基础分析 [J]. 电大理工, 2016 (3)：41-42.

[6] 胡海波. 管理会计学 [M]. 上海：上海交通大学出版社, 2018.

[7] 胡永和，邱玉玲. 企业财务会计 [M]. 天津：天津大学出版社, 2011.

[8] 胡月. 对企业财务会计与管理会计结合的探讨 [J]. 现代营销（信息版）, 2019 (11)：7-8.

[9] 黄慧，杨扬. 财务会计 [M]. 上海：上海社会科学院出版社, 2018.

[10] 黄洁. 企业经营决策与管理综合实训 [M]. 成都：西南财经大学出版社, 2012.

[11] 黄娟. 企业财务会计 [M]. 重庆：重庆大学出版社, 2017.

[12] 黄曼远. 浅析管理会计与财务会计的融合 [D]. 北京：财政部财政科学研究所, 2014：10-41.

[13] 黄延霞. 财务会计管理研究 [M]. 北京：经济日报出版社, 2018.

[14] 贾永海. 财务会计（第 3 版）[M]. 北京：人民邮电出版社出版时间, 2020.

[15] 况艳青. 管理会计在我国企业管理中的应用研究 [J]. 纳税, 2018 (19)：57-58.

[16] 李华. 企业财务会计 [M]. 杭州：浙江大学出版社, 2018.

[17] 林晶. 浅析商业企业的财务会计与管理会计的区别与联系 [J]. 中国商论, 2017,

000（012）：117-118.

[18] 潘蓓. 企业财务会计与管理会计的结合优势探究 [J]. 中国商贸，2014（32）：207-209.

[19] 陶淑贞，崔淑莲. 企业财务会计 [M]. 上海：东华大学出版社，2014.

[20] 王瑾. 企业财务会计管理模式研究 [M]. 北京：北京工业大学出版社，2017.

[21] 吴锦云. 管理会计与财务会计在企业财务管理中的应用分析 [J]. 财会学习，2020（28）：98-99.

[22] 吴赟. 简论管理会计的发展和实行全面预算管理的重要性 [J]. 中国民商，2020，000（02）：96-98.

[23] 胥娜. 企业财务会计和管理会计的融合 [J]. 中国中小企业，2020（11）：125-126.

[24] 严慧. 企业财务会计与管理会计的融合研究 [J]. 财经界（学术版），2016（32）：213.

[25] 杨英，周建龙，崔文琴，等. 管理会计学 [M]. 合肥：安徽大学出版社，2018.

[26] 于北方. 企业财务会计向管理会计转型思考 [J]. 合作经济与科技，2019（18）：166-167.

[27] 张伟清. 企业财务会计与管理会计的融合 [J]. 中国市场，2014，16（025）：118-119.

[28] 张新艳. 新形势下企业财务会计与管理会计的融合发展 [J]. 现代营销，2018，000（006）：189-190.

[29] 周兵. 财务会计与管理会计有效融合的理论基础及实践方式分析 [J]. 全国商情，2016（30）：84-86.

[30] 周启宏. 管理会计与财务会计在企业财务管理中的应用 [J]. 财经问题研究，2014（S2）：71-72.

[31] 朱光明. 企业财务会计（第三版）[M]. 北京：东北财经大学出版社有限责任公司，2020.

[32] 朱光明. 企业财务会计 [M]. 沈阳：东北财经大学出版社，2018.

[33] 朱君. 企业财务会计向管理会计的转型分析 [J]. 中国中小企业，2020（11）：123-124.